RUMPILEZZ
A PERFORMANCE E A SENSIBILIDADE
DE LETIERES LEITE E SUA ORKESTRA

VANESSA ARAGÃO

RUMPILEZZ
A PERFORMANCE E A SENSIBILIDADE
DE LETIERES LEITE E SUA ORKESTRA

VANESSA ARAGÃO

Copyright © 2024 by Editora Letramento
Copyright © 2024 by Vanessa Aragão

Diretor Editorial Gustavo Abreu
Diretor Administrativo Júnior Gaudereto
Diretor Financeiro Cláudio Macedo
Logística Daniel Abreu e Vinícius Santiago
Comunicação e Marketing Carol Pires
Assistente Editorial Matteos Moreno e Maria Eduarda Paixão
Designer Editorial Gustavo Zeferino e Luís Otávio Ferreira
Capa Luiza Senna
Diagramação Renata Oliveira
Revisão Ana Isabel Vaz

Todos os direitos reservados. Não é permitida a reprodução desta obra sem aprovação do Grupo Editorial Letramento.

Dados Internacionais de Catalogação na Publicação (CIP)
Bibliotecária Juliana da Silva Mauro - CRB6/3684

A659r	Aragão, Vanessa
	Rumpilezz : a performance e sensibilidade de Letieres e sua Orkestra / Vanessa Aragão. - Belo Horizonte : Letramento, 2024.
	128 p. : il. ; 21 cm. - (Temporada)
	Inclui bibliografia e anexo.
	ISBN 978-65-5932-486-6
	1. Música afro-brasileira. 2. Percussão. 3. Orkestra Rumpilezz. I. Leite, Letieres. II. Título. III. Série.
	CDU: 78
	CDD: 780

Índices para catálogo sistemático:
1. Música 78
2. Música 780

LETRAMENTO EDITORA E LIVRARIA
Caixa Postal 3242 – CEP 30.130-972
r. José Maria Rosemburg, n. 75, b. Ouro Preto
CEP 31.340-080 – Belo Horizonte / MG
Telefone 31 3327-5771

É O SELO DE NOVOS AUTORES
DO GRUPO EDITORIAL LETRAMENTO

À memória, obra e energia do nosso eterno maestro, chefe, amigo e mestre Letieres Leite e à sua Orkestra Rumpilezz.

AGRADECIMENTOS

Saúdo primeiramente os meus guias e protetores do plano espiritual e terreno. Agradeço aos meus familiares, mãe, pai e tia, que se mantiveram firmes e me acolheram quando pensei em desistir, e à mãe de santo Iranil que, no jogo de Ifá, viu que era para eu continuar.

Agradeço especialmente à minha orientadora querida Nadja Vladi Gumes, por ter pego na minha mão, por ter tido paciência com o meu processo e por ter me conduzido de forma amorosa, gentil, assertiva e competente durante todo o transcorrer dessa jornada. Obrigada também ao grupo de pesquisa Música e Mediações Culturais (MusPop), que contribuiu com motivação e gentileza nos encontros, pensamentos e discussões. Cláudio Manoel, professor que integra esse grupo, fez um comentário sobre meu projeto que me deu a motivação certeira e precisa para terminá-lo.

Agradeço aos meus colegas da turma de 2019 do mestrado em comunicação da Universidade Federal do Recôncavo da Bahia (UFRB) pela companhia amorosa – sou grata pelo aprendizado com a diversidade de pessoas oriundas de diferentes partes da Bahia, especialmente Marcelo Argôlo, por sua incansável paciência de me passar textos e livros, e Bárbara Anunciação, pela partilha das dificuldades, pela potência e amorosidade trocada.

Agradeço até mesmo ao professor que disse não ser possível estudar música sem ser musicista, pois isso só demonstra o longo e desbravador caminho que temos pela frente.

Obrigada às minhas amigas-flores essenciais, que me dão apoio e amor cotidianamente, aos orixás amados que tanto amo e tenho perto, à música e à cultura afro-brasileira que, para mim, é o que há de mais incrível histórica e artisticamente falando nesse Brasil. Obrigada pelos caminhos da música, espiritualidade, história e conhecimento terem se unido neste livro.

Também agradeço pela força de Edmilia Barros, minha amiga e produtora cultural. Ela foi quem me chamou para filmar o meu primeiro show da Orkestra, que avisava sobre os ensaios e me ajudou a relembrar repertórios e informações. Meu querido Gabi Guedes, obrigada por sua amorosidade e sabedoria ancestral de sempre. Letieres Leite, pela enérgica troca, por abrir caminhos diante de sua criação e por contribuir gentilmente também nesse processo. Verena Paranhos, Rafaela Suzart, Vivianne Ramos e Emma Melissa Saville, obrigada pela revisão desta pesquisa de forma gentil e atenta.

E um imenso obrigada ao Programa de Pós-Graduação em Ciências da Comunicação da UFRB, por conduzir o mestrado e alunes de forma tão amorosa, flexível, atentes às demandas emocionais. Acredito que a educação genuína é feita dessa forma, com o conhecimento e o cuidado com o outro na mesma dimensão e importância. Obrigada por terem me permitido continuar quando eu havia desistido, obrigada pelo apoio, obrigada por duas mulheres – Jussara Maia e Regiane Nakagawa – estarem conduzindo o programa no momento em que obtive o título de mestra. Vocês inspiram muito a todas nós. E agradeço também aos professores Jeder Janotti e Lilian Reichert, que formaram a minha banca de qualificação e defesa, pelas contribuições valiosas, atentas e gentis ao propósito deste trabalho, agora editado em livro.

À memória de minha avó Edite Alves, quem me ensinou sobre gentileza e resiliência, e ao meu avô João Aragão, que me incentivou a buscar meu caminho nos estudos.

NOTA AOS LEITORES

O título original deste trabalho é *Entre Atabaques e All Stars: a performance e a sensibilidade de Letieres Leite e Orkestra Rumpilezz,* que demonstra a ponte conceitual e artística que proponho analisar e que constitui o grupo em questão, unindo tradição e modernidade, o local e o global, os ritmos afro-brasileiros com o jazz. Por conta de cuidados com os direitos autorais, mudamos o título para *Rumpilezz: a performance e a sensibilidade de Letieres Leite e sua Orkestra.* Porém, no decorrer dos capítulos, a análise é feita e referenciada ao título original desta obra. Boa leitura.

RESUMO

O projeto musical Letieres Leite e Orkestra Rumpilezz une os atabaques e a percussão vinda dos terreiros de candomblé à estrutura de big bands de jazz, na qual os atabaques ficam na frente e os percussionistas são considerados os Doutores da Música na Bahia pelo idealizador do grupo, Letieres Leite. Este livro busca investigar a performance (Taylor, 2013) de Letieres Leite e Orkestra Rumpilezz e a construção de uma sensibilidade afro-brasileira (Sodré, 2017). Este trabalho foi feito a partir da pesquisa teórica, observação participante em shows, lives e de registros audiovisuais e fotográficos da apresentação "Letieres Leite convida Caetano Veloso" (2018); do show do grupo durante o carnaval de Salvador em 2020 no palco do Rio Vermelho e da live ocorrida no Rio Montreux Jazz Festival 2020.

Assim como a autora Diana Taylor desenvolve em sua pesquisa (2013), este livro também utiliza uma forma de investigar e escrever por meio da observação participante. Portanto, essa performance na escrita reafirma o modo de analisar e interagir com o objeto estudado. A partir de um roteiro performático formulado por Taylor (2013), da performance como episteme, dos atos de transferência vitais, do arquivo e repertório e da transculturação, fundamentamos as bases desta pesquisa. Além disso, é traçado um caminho para a compreensão da cena de música pop de Salvador (Gumes e Argôlo, 2020), a fim de nortear o local em que a Orkestra Rumpilezz ocupa nesse cenário. Por fim, é trazido o pensamento nagô de Muniz Sodré (2017), segundo o qual os terreiros são as bases fundamentais para o entendimento da construção filosófica de sabedorias, em que o corpo e o sentir caminham de mãos dadas – e é assim que a sensibilidade afro-brasileira é proposta neste livro.

Também é formulado um breve histórico da música instrumental de Salvador e do grupo estudado, assim como a análise dos elementos performáticos que este livro propõe, desde a nomenclatura, figurino, estrutura no palco até a participação de mulheres na percussão.

SUMÁRIO

15   **INTRODUÇÃO**

22   **1. OS PASSOS METODOLÓGICOS DESSA SAGA**

25   1.1. A PERFORMANCE COMO EPISTEME

30   1.2. ARQUIVO, REPERTÓRIO E PODER

34   1.3. TRANSCULTURALIDADE E MOVIMENTO

37   1.4. A MÚSICA POP EM SALVADOR

42   1.5. O PELOURINHO PERMANECE VIVO

43   1.6. POR UMA SENSIBILIDADE AFRO-BRASILEIRA

52   **2. BREVE HISTÓRICO DA MÚSICA INSTRUMENTAL DE SALVADOR E DE LETIERES LEITE E ORKESTRA RUMPILEZZ**

52   2.1. ÁGUAS DE OXALÁ

54   2.2. DOS TERREIROS PARA OS PALCOS

57   2.3. MÚSICA AFRO-BRASILEIRA E AFRO-BAIANA

63   2.4. A MÚSICA INSTRUMENTAL EM SALVADOR

69   2.5. LETIERES LEITE E A ORKESTRA RUMPILEZZ

76   2.6. O INSTITUTO RUMPILEZZ E O UPB

78   **3. ENTRE ATABAQUES E ALL STARS: ANÁLISE DA PERFORMANCE DE LETIERES LEITE E ORKESTRA RUMPILEZZ**

78   3.1. A PERFORMANCE DE LETIERES LEITE E ORKESTRA RUMPILEZZ

83   3.2. SHOWS E ANÁLISES

88   3.2.1. NOMENCLATURA

90   3.2.2. CORPOREIDADE ESPACIAL E SONORA DO GRUPO

91   3.2.3. FIGURINO

96	3.2.4.	ELEMENTOS VINDOS DOS TERREIROS
98	3.2.5.	REPERTÓRIO E CRIAÇÕES
100	3.2.6.	A DANÇA E REGÊNCIA DO MAESTRO LETIERES LEITE
102	3.2.7.	INTERAÇÕES COM O PÚBLICO
103	3.2.8.	MULHERES NA PERCUSSÃO

106 CONSIDERAÇÕES FINAIS

113 REFERÊNCIAS

113 BIBLIOGRÁFICAS

115 NETNOGRÁFICAS

116 FÍLMICA

117 ANEXOS

117 ANEXO I – ENTREVISTA COM GABI GUEDES

126 ANEXO II – IMAGENS DA ESTRUTURA DOS MÚSICOS E INSTRUMENTOS PERCUSSIVOS DE LETIERES LEITE E ORKESTRA RUMPILEZZ

LISTA DE IMAGENS

Imagem 1 – Ensaio de Letieres Leite e Orkestra Rumpilezz, em agosto de 2019 (Pelourinho).
Imagem 2 – Letieres Leite e Orkestra Rumpilezz com Caetano Veloso (2018).
Imagem 3 – Letieres Leite e Orkestra Rumpilezz no carnaval 2020 (Rio Vermelho).
Imagem 4 – Letieres Leite e Orkestra Rumpilezz na live do Rio Montreux Jazz Festival (2020).
Imagem 5 – Logotipo de Letieres Leite e Orkestra Rumpilezz.
Imagem 6 – Letieres Leite e Orkestra Rumpilezz na live do Rio Montreux Jazz Festival (2020).
Imagem 7 – Gabi Guedes com a Orkestra Rumpilezz no carnaval 2020 (Rio Vermelho).
Imagem 8 – João Teoria com a Orkestra Rumpilezz no carnaval 2020 (Rio Vermelho).
Imagem 9 – Letieres Leite e Orkestra Rumpilezz convida Caetano Veloso (2018).
Imagem 10 – Tênis All Star dos músicos de sopro da Orkestra Rumpilezz.
Imagem 11 – Letieres Leite com a Orkestra Rumpilezz no carnaval 2020 (Rio Vermelho).
Imagem 12 – Letieres Leite e Orkestra Rumpilezz com Caetano Veloso (2018).
Imagem 13 – Letieres Leite e Orkestra Rumpilezz no carnaval 2020 (Rio Vermelho).
Imagem 14 – Público no show de Letieres Leite e Orkestra Rumpilezz no carnaval 2020 (Rio Vermelho).
Imagem 15 – Alana Gabriela Santos, Jéssica Couto e Gabi Guedes no show da Orkestra Rumpilezz no carnaval 2020 (Rio Vermelho).
Imagem 16 – Gabi Guedes e Letieres Leite no intervalo dos ensaios da Orkestra Rumpilezz no Pelourinho, em agosto de 2019.

INTRODUÇÃO

"A crença não é o saber, mas a decisão da vontade de dar ao saber seu pleno valor."

– Johann Gottlieb Fichte, filósofo pós-kantiano citado em *Pensar Nagô* (Sodré, 2017, p. 206)

Centro de Salvador, dia 8 de dezembro de 2018. Feriado da padroeira da Bahia, Nossa Senhora da Conceição da Praia, e dia também de Oxum. Eram dezenove pessoas no palco. Músicos dispostos em formato de ferradura ou simplesmente em "U". Atabaques e outros instrumentos percussivos na frente. Percussionistas vestidos de branco, em trajes de gala. Os músicos de sopro estavam dispostos atrás e vestiam camisas sociais, mas de cores diferentes a depender do naipe de sopro: uns de azul, outros de vermelho, branco e verde. Uma mescla sonora ora suave, ora enérgica de jazz e ritmos vindos dos terreiros de candomblé. Um maestro que pegava o caxixi e regia sua Orkestra. Uma Orkestra com "k". Ele dança, faz passinhos para lá e para cá, mexe os braços, conversa corporalmente com os instrumentistas. Eles são Letieres Leite e Orkestra Rumpilezz.

O palco estava montado ao lado do cinema Glauber Rocha, na frente do monumento de Castro Alves. Ali foi realizado o show "Letieres Leite e Orkestra Rumpilezz convida Caetano Veloso", na inauguração do Hotel Fasano, em Salvador. Fui solicitada pela produção da Orkestra para filmar e fotografar o evento. Esse dia era também aniversário do maestro Letieres Leite. No camarim, os músicos comiam e terminavam de colocar seus figurinos. Uma das coisas que observei de primeira foram os sapatos. Aquela quantidade de sapatos brancos, entre tênis All Star e sapato social. Nessa ocasião eram dezenove músicos, ou seja, 38 pés, e isso me chamou atenção. Os All Stars eram dos músicos de sopro. Os percussionistas da Orkestra usavam sapato social branco, lustrosos. Depois de notar os sapatos, vi os músicos vestidos, terminando as arrumações, e notava mais diferenciações: smoking branco nos percussionistas e, para os instrumentistas de sopro, blusa social de cores específicas, neste caso o naipe dos trompetes/flugelhorn estava de verde, os graves (tuba, sax barítono e trombone baixo) de branco, os trombones de vermelho, os saxes de azul e os percussionistas de traje de gala, totalizando dezenove músicos em cima do palco, mais o maestro Letieres Leite.

Minutos antes de entrar no palco, o maestro pediu para fazerem uma roda. Nela fez-se uma oração católica, um cântico de candomblé e depois cantaram parabéns em ritmo percussivo. Uma conexão diferente de tudo que já tinha experienciado até então. Para mim, sem dúvidas, foi um show que ficou para a história. Isso tudo me deu a certeza de que aquele universo de símbolos, sentidos e significados era muito maior do que minha sensibilidade alcançava naquele momento em que fui afetada não só como espectadora, mas também como profissional. Naquele dezembro de 2018 as sementes da curiosidade e da investigação foram plantadas. Dessa forma cheguei neste projeto, após fotografar e assistir a outros shows e ensaios do grupo.

Antes de começar, peço licença para contar um pouco sobre o contexto afetivo, pessoal e profissional que me cerca e que também me trouxe para a realização da pesquisa. Sou nascida e criada em Salvador. Cresci numa escola católica, de freiras. Sempre tive a Lavagem do Bonfim uma rua depois da minha casa. O caminho da busca da minha espiritualidade sempre foi algo de muita importância na minha trajetória. A música e os sons marcadamente baianos também, mesmo antes de conhecer sua história propriamente dita, coisa que só aconteceu quando entrei nas faculdades da vida. Nessa busca pela compreensão da minha espiritualidade (elaborada cotidianamente entre o autoconhecimento e os rituais vistos no 2 de fevereiro, dia de Yemanjá, na Lavagem do Bomfim, nas idas à missa da Rosário dos Pretos, nos ebôs de Oxalá no Terreiro do Gantois, nas sessões de cromoterapia e aulas de ioga, além da minha devoção aos deuses hindus, como Ganesha), fui construindo o que hoje entendo como uma espécie de espiritualidade intuitiva que tem sido sedimentada nas minhas escolhas diárias e nos rituais sagrados, profanos e também os criados por mim mesma.

Amo a musicalidade percussiva visceral que chega antes de qualquer coisa. Em 2015, de volta a Salvador depois de uns anos no Rio de Janeiro, decido fazer tudo que sempre quis e nunca tinha parado para fazer. Assim fui fazer aulas de percussão na Escola de Dança da Fundação Cultural do Estado da Bahia (FUNCEB), localizada no Pelourinho. Toda terça e quinta-feira eu estava lá, conhecendo os toques, um pouco da história, das danças, e foi assim que esse universo foi se abrindo cada vez mais para mim. Ijexá, opanijé, agueré, as diferenciações entre os toques para o rum, rumpi e o lé, o agogô que traz a clave mínima e guia toda a orquestra de atabaques. Eu gostava de ficar no agogô e no lé. Naquele mesmo ano fizemos uma apresentação em novembro na mostra final da FUNCEB no Teatro Castro Alves. Aquilo tudo foi forte, visceral e mântrico. A janela assim se abriu sobre a música percussiva e instrumental de Salvador, de maneira mais próxima e cotidiana. De lá para cá, passei do jornalismo escrito para o lado dos registros audiovisuais e fotográficos. E, mais uma vez, volto para a música, mas de uma outra forma. Comecei a fotografar e filmar as coisas que mais amo: shows. Orkestra Rumpilezz, Pradarrum de Gabi Guedes, shows nos largos do Pelourinho, Erasmo Carlos na Caixa Cultural e outros artistas da cena de música independente soteropolitana como Aiace, Filipe Lorenzo, entre outros, são alguns deles. Diante desse contexto e unindo essas duas vertentes que me são imprescindíveis pessoal e profissionalmente – a espiritual e musical –, construí, em 2020, esta proposta de projeto de pesquisa.

Dessa forma, me vejo como uma participante-mediadora do que une a espiritualidade da música, especialmente em se tratando da musicalidade que vem dos terreiros, dos ritmos afro-brasileiros e também do jazz, por sua notória história de empoderamento e resistência.

Escrevi esta dissertação antes do dia 27 de outubro de 2021, dia em que fui surpreendida pelo falecimento do maestro Letieres Leite, decorrente de complicações com a covid-19. Ainda com um vazio enorme com esta perda física, mas preenchida totalmente pela honra de não ter apenas admirado, mas convivido com o criador e a criatura – Letieres e sua Orkestra –, dedico esta pesquisa à memória e à obra do músico, educador, arranjador, maestro e, sobretudo, amigo, Letieres Leite. Suas concepções e criações contribuíram para trazer luz sobre as raízes e a história da música afro-brasileira e ficarão eternamente como um legado artístico e cultural de Salvador, da Bahia e do Brasil.

A Orkestra Rumpilezz foi criada em 2006, resultado de uma percepção e desejo iniciado nos anos 1980 por Letieres Leite. Formada basicamente (o número varia de acordo com cada apresentação) por cinco músicos de percussão (atabaques, surdos, timbau, caixa, agogô, pandeiro, caxixi) e catorze músicos de sopro (quatro trompetes, quatro trombones, dois saxes alto, dois saxes tenor, um sax barítono e um tuba), a Orkestra traz a música instrumental afro-brasileira como sua base fundamental e mescla com as vertentes negras diaspóricas do Brasil e dos EUA. Unindo elementos do jazz na musicalidade e na estrutura de uma big band com os ritmos e instrumentos vindos dos terreiros de candomblé, a Orkestra demonstra da onde veio e delineia sua trajetória. Além disso, o grupo traz a consciência rítmica e corporal que Letieres Leite desenvolveu por meio do seu Universo Percussivo Baiano. O UPB é um método que trata da matéria de transmissão de claves, desenhos rítmicos e promove uma reflexão sobre a formação da música oriunda da diáspora negra forçada que cruzou o Atlântico. Isso é demonstrado também na regência de Letieres, ficando assim conhecido como o maestro que dança.

Neste livro, proponho construir pontes que levam ao entendimento de como a performance da Orkestra Rumpilezz constrói uma sensibilidade afro-brasileira. O objetivo aqui é analisar a performance (Taylor, 2013), relacionando-a a uma sensibilidade decolonial e às sabedorias de matrizes africanas (Sodré, 2017). O título original, *Entre Atabaques e All Stars: a performance e a sensibilidade de Letieres Leite e Orkestra Rumpilezz,* demonstra a ponte conceitual-artística que constitui o grupo, unindo características transculturais, fundindo tradição e modernidade, o local e o global, os ritmos afro-brasileiros com o jazz. Os atabaques são símbolos fundamentais para os rituais dos terreiros; é por meio deles que as músicas e as celebrações ocorrem. Os tênis All Star representam um pop global, são calçados que foram desenvolvidos nos Estados Unidos em 1908, mas que em 1917 teve seu design criado como conhecemos hoje. Eles ganharam ares mais joviais e "cool" quando o jogador de basquete Charles Chuck Taylor se juntou à Converse, empresa produtora dos calçados, e assim foi difundindo a marca e o produto entre o esporte e a música. Princesa Diana, James Dean, o líder da banda Nirvana, Kurt Cobain, George Harrison no último show dos Beatles... Os tênis foram se espalhando entre o mundo da moda, da música e dos jovens. No Brasil, a marca chegou nos anos 1980 e se tornou ainda mais conhecida com a música de Nando Reis chamada "All Star" (2000), imortalizada por ele e Cássia Eller. Um dos versos que faz referência ao tênis é o seguinte: "Estranho é gostar tanto do seu All Star azul".

Nessa ponte simbólica e conceitual, chegamos na cena da música pop de Salvador, que também se forma com características desse entrelace do local, midiático e global, demonstrando esse espaço que o grupo ocupa na musicalidade da cidade. Não sei ao certo por que os tênis me chamaram atenção no momento do camarim, talvez pela quantidade deles – eram 28 All Stars brancos empilhados. Mas como nenhuma informação e percepção passa despercebida, hoje compreendo que a comunicação simbólica dos atabaques e dos tênis serviu como uma síntese da Rumpilezz e me mostrou também o local ocupado pelo grupo na cena de música pop de Salvador desde o camarim.

Dessa forma, no primeiro capítulo, apresento a trajetória teórica e conceitual do projeto, intitulado "Os passos metodológicos dessa saga", onde descrevo minha relação afetiva e ativa com a Orkestra, assim como trago autoras e autores que serviram de substância teórica para as minhas análises. A partir da ideia de roteiro performático formulado por Diana Taylor (2013), construímos as bases fundamentais de todo o projeto. Portanto, são raízes conceituais deste livro a *performance incorporada*, os atos de transferência vitais que se utilizam da presença para transmitir potencialidades e conhecimentos, e a *performance como episteme*, como uma lente metodológica que se faz conhecer e passar adiante memórias e informações, além da transculturação, que funde características cosmopolitas e traz novos idiomas estéticos e políticos.

Entre o arquivo e o repertório há uma breve análise sobre as estruturas de poder, estereotipagem e silenciamentos que a história mundial viu acontecer de forma generalizada e, em específico, que a América Latina viu e continua assistindo – não passivamente – acontecer. Os caminhos traçados para a compreensão da cena de música pop de Salvador são delineados por meio das pesquisas de Nadja Vladi Gumes e Marcelo Argôlo, na tentativa de nortear o local que a Orkestra Rumpilezz ocupa nesse cenário; mais uma vez vemos as noções dos atabaques e All Stars saltarem aos olhos. Neste capítulo, o pensar nagô emerge com as pesquisas e a compreensão da arkhé africana feita por Muniz Sodré (2017), em que os terreiros são as bases fundamentais para o entendimento de toda a construção filosófica de sabedorias que mais se aproximam da nossa realidade brasileira do que o que nos foi forçosamente incorporado pela noção europeia ocidental. O corpo e o sentir nesse pensamento caminham de mãos dadas e é assim que a sensibilidade é formulada e entendida neste trabalho.

No segundo capítulo, "Breve histórico da música instrumental de Salvador e de Letieres Leite e Orkestra Rumpilezz", faço uma contextualização histórica resumida apontando os marcos da música instrumental de Salvador, criando as bases contextuais para chegar à história do objeto de estudo aqui analisado, Letieres Leite e Orkestra Rumpilezz, passando pela Escola de Música, Banda de Barbeiros, festivais de música e alguns detalhes que podem nortear a noção da música instrumental afro-brasileira.

No terceiro capítulo, "Entre atabaques e All Stars: análise da performance de Letieres Leite e Orkestra Rumpilezz", analiso os objetos desta pesquisa feitos por meio de vivências presenciais e de registros fotográficos e audiovisuais do show "Letieres Leite e Orkestra Rumpilezz convida Caetano Veloso", em Salvador (dezembro de 2018); da apresentação no palco do Rio Vermelho no carnaval de Salvador (fevereiro de 2020); e diante da live realizada em outubro de 2020 no Rio Montreux Jazz Festival. Portanto, aqui buscarei investigar a performance desse grupo que inverte a ordem dos músicos no palco, trazendo a percussão para frente, colocando-a em local de destaque e visibilidade.

Além dos capítulos, trago uma entrevista exclusiva com Gabi Guedes, músico, filho de santo do Terreiro do Gantois e integrante do naipe de percussão da Orkestra desde o começo. Que rufem os tambores e que se inicie o paó.

Boa travessia.

1. OS PASSOS METODOLÓGICOS DESSA SAGA

Era uma segunda-feira no Pelourinho, no Centro Histórico de Salvador. Dia 26 de agosto de 2019. O Pelourinho é daqueles lugares da cidade que só fica um pouco mais vazio durante o "inverno soteropolitano" entre junho e julho. Havia, portanto, um movimento mediano e costumeiro de pessoas da cidade, comerciantes e turistas. Cheguei na edificação verde, de frente para o Largo do Terreiro de Jesus. Ao entrar, vi um banner que indicava o Instituto Rumpilezz.

Próximo da entrada, havia algumas guias (colares característicos do candomblé) em cima de um atabaque pequenino, indicando proteção e saudação diante daqueles que naquela casa, naquele projeto, chegavam. Subi as escadas de madeira e cheguei numa grande sala. Do lado esquerdo, separado pelos naipes de sopro e percussão, encontravam-se os músicos da Orkestra Rumpilezz ensaiando e o maestro Letieres Leite passando de um lado para o outro, repetindo a frase musical que não estava bem ensaiada.

Um adendo para a palavra maestro trazida neste livro. As pessoas próximas a Letieres e sua Orkestra sabiam que o idealizador desse projeto musical não gostava muito de ser chamado de "maestro", palavra que denota uma posição hierárquica e superior diante do corpo musical. Mas nós, no entorno dele, e talvez pela recusa dele em se colocar na posição de maestria, o chamávamos assim, muito mais carinhosamente e amigavelmente do que numa condição de soberania.

No ensaio, quando os músicos acertavam e iam bem, Letieres dançava, não só com as mãos, mas com o corpo todo, sorria e brincava com eles e com os presentes (alguns poucos turistas, outros da produção da Orkestra e eu). Impossível não se fundir com aquela sonoridade e atmosfera.

Imagem 1 - *Ensaio de Letieres Leite e Orkestra Rumpilezz, em agosto de 2019 (Pelourinho).*

Eles estavam ensaiando para as apresentações de setembro em São Paulo, no Sesc Guarulhos, ocorridas nos dias 6 e 7, e para o Coala Festival, no dia 8. Eu sempre ia aos ensaios às segundas-feiras deste segundo semestre de 2019 porque eu gostava de sentir a musicalidade mais de perto e ver como esse processo se dava no dia a dia dos ensaios. Minha amiga, Edmilia Barros, trabalhava na produção da Orkestra. Ela sabia que eu gostava muito do projeto e me informou que poderia ver os ensaios. Ali comecei a estabelecer uma relação não só de espectadora, mas também de intimidade com a sonoridade e os músicos.

A música afro-brasileira é uma das bases de formação da música brasileira, como já disse Letieres Leite em entrevista a Luciano Matos do site *El Cabong* em 2020: "Toda música brasileira é afro-brasileira" e foi disseminada por negras e negros africanos e pelos terreiros de candomblé. Sua história remete ao tráfico dos negros trazidos como escravizados para o Brasil, quando vieram diferentes povos de várias regiões do continente africano, com diversas linguagens, culturas, sabedorias e fé. A partir dessa trágica história foram se sedimentando as raízes culturais da diáspora africana. Pode-se notar aqui a performance incorporada que Diana Taylor traz em sua obra e que será detalhada a seguir neste livro.

A performance, a partir da perspectiva proposta por Taylor, foi escolhida para ser o conceito-central e metodológico desta pesquisa pelo fato de que, quando vi e ouvi pela primeira vez a Orkestra Rumpilezz, me saltaram aos olhos e aos sentidos percepções sensoriais e representativas que me causaram impacto e identificação imediata. A conjuntura que une essa materialidade no palco e a atmosfera sonora, somada à descoberta dos estudos de performance, me fizeram juntar essas vertentes nesta pesquisa. Para além de termos que agregam na análise do objeto, Taylor traz para perto os contextos da América Latina, o que torna a identificação e a relação ainda mais eficiente e próxima para mim, ratificando minha escolha por esse corpo teórico.

Ao começar a delinear essa saga da travessia, e aqui peguei emprestado o título do segundo álbum da Orkestra, *A saga da travessia* (2016), para corporificar em palavras também a minha saga diante desta pesquisa, ratifico que a comunicação é muito mais ampla do que a noção de transmissão de informação: ela vai além da visão funcionalista dos meios e se entrelaça com uma rede de possibilidades, agentes e atores complexos das mais variadas formas (Martín-Barbero, 2015). Comunicação é mediação, são redes de conexões e interações, está em movimento a todo instante e assim essas relações são criadas, desenvolvidas e vividas a partir de mediações de diferentes formas e aspectos. É por isso que esta pesquisa foi possível de ser pensada. Ela foi construída mediante uma rede de conexões pessoais, investigativas e metodológicas. Partindo dessa noção de rede comunicacional, com o intuito de analisar a performance e a construção de sensibilidade de Letieres Leite e Orkestra Rumpilezz, serão trazidos neste capítulo os conceitos-chaves deste livro, iniciando assim a travessia.

1.1. A PERFORMANCE COMO EPISTEME

Antes de dar o primeiro passo, necessito fazer um breve contexto sobre o meu processo de escrita, leitura, investigação e relação com esta pesquisa. Ler a obra de Diana Taylor (2013) me abriu muito mais do que portas teórico-metodológicas. Abriu portas do meu encontro com minha forma de investigar e escrever, como se descrevesse um relato jornalístico ou um filme. A autora mexicana, que hoje vive em Nova York e é professora de Estudos da Performance e Espanhol na Tisch School of the Arts da New York University e fundadora e diretora do Instituto Hemisférico de Performance e Política, traz na sua própria obra a possibilidade de se colocar enquanto narradora-participante do processo de pesquisa e análise.

Essa performance na escrita diz muito sobre a sua forma de ver, investigar e degustar o mundo. E a partir desse percurso de Taylor chego neste projeto, na minha forma de escrita e pesquisa também. A performance aqui investigada começa nesta posição política-estética-afetiva de me colocar como observadora-participante e isso foi o que me fez sobreviver no mestrado. Diana Taylor inicia seu livro falando sobre sua vida, sua história, de onde veio, de que forma recebeu sua educação, os silenciamentos e dificuldades até sua possibilidade de reviravolta e de passar suas vivências adiante, não deixando nada menos credível, aliás, ao contrário, trazendo ainda mais intensidade, respeito e sabor ao que propôs trazer na sua obra. Com essa inspiração e também tendo consciência dessa forma de escrita, inicio esta saga.

A Orkestra Rumpilezz traz consigo a memória diaspórica negra e histórica da Bahia, do Brasil, da América Latina e dos Estados Unidos, ao unir ritmos afro-brasileiros e afro-caribenhos com o jazz. O grupo corresponde a uma fusão, mediação e atualização de memórias e narrativas culturais. Os atabaques, instrumentos tocados no candomblé – rum, rumpi e lé – que formam o nome da Rumpilezz, acrescidos com o "zz" do jazz, designam os sensos político, estético e identitário, calcados na cultura pop, ao qual o grupo está inserido, sendo transcultural e falando um idioma cosmopolita e contemporâneo.

Na formação da Orkestra, os músicos de percussão – que tocam atabaques e outros instrumentos rítmicos – ficam na frente do palco e os músicos de sopro atrás deles. Isso denota uma reformulação da orquestra, já que desde o século XVIII as orquestras organizam sua formação praticamente da mesma forma, com instrumentos de corda na frente, seguindo-se os músicos de sopro e a percussão ao fundo. Na estrutura de palco dos grupos musicais, é comum os percussionistas ficarem atrás dos músicos de cordas, sopros, cantores, entre outros, tanto na formação clássica das orquestras quanto na da música popular. Isso remonta às estruturas originárias europeias de formação da música e, como padrão hegemônico político-cultural, ela se espalhou pelo mundo afora como um estereótipo natural e convencional dentre os grupos musicais. Em todo o mundo, as pessoas criam estereótipos e eles funcionam como padrões mentais de representação para elas entenderem a vida em sociedade, os objetos, o outro. Nesse modelo de construção de imagens sobre o outro, desenvolvemos uma conexão entre representação, diferença e poder, explicitado por Stuart Hall em *Cultura e representação* (2016).

Segundo Hall (2016) a estereotipagem é parte da manutenção da ordem social e simbólica. Ela reduz, naturaliza, fixa a diferença e estabelece estratégias de divisões e cisões entre o normal e aceitável do anormal e inaceitável. Assim, exclui, repele, tenta apagar, vira as costas a tudo o que é diferente. Entendemos aqui a diferença e "o outro" como grupos sociais histórico-político e culturalmente marginalizados e colocados como minorias: são eles mulheres, negros e negras, indígenas, LGBTQIAPN+ e tudo que derive deles. Ou seja, tudo o que é diferente ao homem branco heterossexual europeu. No caso do objeto analisado, são homens negros, filhos de santo, alagbês, percussionistas de música afro-brasileira, que tem sua raiz nos terreiros de candomblé.

Ao unir a música vinda dos terreiros com o jazz, música afro-americana criada nos Estados Unidos entre 1890 e 1910, a Orkestra funde duas origens negras da diáspora africana forçada que movimentou o Atlântico Negro (Gilroy, 2012) a partir do século XVI para criar e difundir uma sonoridade e performance entre o erudito, sofisticado, popular e massivo. Esse novo lugar ocupado por essa musicalidade tem provocado atração e reverberação positiva na música popular brasileira, observados a partir dos prêmios nacionais recebidos; da participação da Orkestra no carnaval de Salvador, no qual, segundo Nadja Vladi Gumes e Marcelo Argôlo (2020), a presença neste evento popular demonstra uma condição necessária para fazer parte do circuito afetivo e econômico da cidade, onde diversas práticas interagem entre si, com a população e o espaço urbano; e da procura por Letieres Leite para realizar discos e produções musicais de artistas como Maria Bethânia, Elza Soares, entre outros.

Um dos elementos mais notórios quando vejo o show da Orkestra Rumpilezz é observar o local de destaque dos instrumentos percussivos, o figurino dos percussionistas, a dinâmica dançante e despojada do maestro que rege com caxixi e agogô (você sente vontade de acompanhar os passinhos dele) e, claro, sua musicalidade percussivamente próxima, afetiva e sofisticada ao mesmo tempo. Pegando essas considerações como um atrativo inicial, vamos nos aproximando do universo da performance, o carro-chefe desta análise e, para compreendê-la, serão utilizados os conceitos formulados por Diana Taylor (2013).

Linguagem, ação, gestos, teatralidade, corporeidade, materialidade. Representação, forma-força, produção de presença, marca social invisível, memória, processo criativo, ritual estético, rizoma. Essas são algumas das palavras-noções que surgem em primeiro lugar quando pensamos na definição de performance. Elas permanecem, se solidificam e se alargam quando pesquisamos sobre este termo e os teóricos que a definem. "Pensar sobre performance significa, necessariamente, abrir-se para o ato, a ação, o cênico. Aquilo que se faz, como se faz, em que contexto" (Amaral; Soares; Polivanov, 2018, p. 64). As raízes desse termo guarda-chuva começam a ser notadas na etimologia. Performance vem de *parfounir*, palavra francesa que traz como significado "fornecer, completar, executar" (Amaral; Soares; Polivanov, 2018, p. 66). O prefixo e o sufixo estão em torno da palavra "forma" – per-forma-nce.

A performance é uma expressão cênica (Cohen, 2002). Desse modo, podemos entendê-la como uma função do espaço e do tempo – $P = f(s, t)$ – e para caracterizar uma performance, algo precisa estar acontecendo naquele instante, naquele local (Cohen, 2002, p. 28). Notamos assim o caráter material do termo, que podemos chamar de corporificação, assim como vemos o contexto cultural que ele traz como memória, chegando, dessa maneira, na performance incorporada, nos atos de transferência e na transculturação, termos formulados pela pesquisadora mexicana. Segundo Taylor, "as performances funcionam como atos de transferência vitais, transmitindo o conhecimento, a memória e um sentido de identidade social por meio do que Richard Schechner denomina 'comportamento reiterado'" (2013, p. 27).

Há alguns níveis de entendimento sobre a performance, segundo Taylor. No primeiro deles, ela constitui o objeto dos estudos da performance, que são associadas a práticas e eventos como dança, teatro, funerais, ou seja, tudo que envolva comportamentos teatrais, convencionais para cada ocasião. Em um segundo nível, a performance serve como uma "lente metodológica" (Taylor, 2013), na qual oferece aos pesquisadores a possibilidade de analisarem objetos como performances, como cidadania, resistência, gênero, etnicidade etc. "Entender esses itens como performance sugere que a performance também funciona como uma epistemologia. A prática incorporada, juntamente com outras práticas culturais associadas a elas, oferece um modo de conhecer" (Taylor, 2013, p. 27). Desta forma este livro se utiliza dessas duas formas de compreensão da performance, sobretudo e especialmente a performance como episteme, como um modo de investigar e transmitir conhecimentos, partindo da minha forma de escrita onde performo como uma pesquisadora-participante, diante das descrições e percepções que vivi e aqui utilizo-as como base para minhas análises e compreensões.

Pode-se notar que a base musical que a Orkestra Rumpilezz utiliza para suas composições, bem como sua formação político-estética, é a afro-brasileira, que por sua vez aciona o diferente, "o outro", o inferior, o anormal, como explicita Hall (2016) e enfatiza Muniz Sodré em *Pensar Nagô* (2017), quando descreve que "o outro" é aquele que supostamente não conhece o seu lugar, notado através do seu deslocamento territorial, como se estivesse onde não deveria (Sodré, 2017). A música dos terreiros foi e é ainda marginalizada pelo status quo vigente – homem branco europeu – e isso é visto pelos ataques, infelizmente comuns, que diversos terreiros de candomblé sofrem devido à intolerância religiosa provocada pelo racismo estrutural existente no Brasil e na Bahia.

Outro aspecto fundamental trazido por Diana Taylor em seu livro é que a performance está intrinsecamente relacionada tanto ao esquecer quanto ao lembrar, chegando assim na questão do ocidente *versus* não ocidente, no poder hegemônico do colonizador em relação à América Latina colonizada, violentada, apagada, sempre tida como o estrangeiro, o diferente, o "outro" (Taylor, 2013), conectando assim as formulações de Hall sobre a diferença e demonstrando que o local de ataques, violências e preconceitos sofridos em relação ao candomblé e suas derivações vêm dessa correspondência. A Orkestra estabelece a música afro-brasileira como base política-estética e artística, fundindo-a com uma estrutura orquestral e de big band jazzística, colocando-a em meio a uma sofisticação sonora e visual, saindo de um espaço de subalternidade e margem para firmá-la em um lugar de representação e poder.

Assim, trago o objeto analisado que é o grupo musical Letieres Leite e Orkestra Rumpilezz e o analiso também por meio dos vídeos que registrei durante o show "Letieres Leite e Orkestra Rumpilezz convida Caetano Veloso", em Salvador (2018), o qual foi meu primeiro contato próximo com eles; além das fotografias que tirei da apresentação no palco do Rio Vermelho durante o carnaval de Salvador (2020), último show presencial deles em que estive, devido ao contexto pandêmico, e também da live realizada em 2020 no Rio Montreux Jazz Festival.

1.2. ARQUIVO, REPERTÓRIO E PODER

A partir das definições propostas por Diana Taylor (2013) sobre performance, considerando-a um sistema de aprendizagem, armazenamento e transmissão de informações, ela nos permite e impulsiona também para que ampliemos a noção de conhecimento que nos foi imposta. Dessa forma, a autora alerta que precisamos mudar e estender as formas da metodologia vigente, da cultura escrita para a cultura incorporada, do discursivo e textual para o performático e oral.

A "fratura", segundo ela, não é entre a palavra escrita e falada, mas entre o arquivo de materiais duradouros e o repertório, formado por práticas e conhecimentos incorporados (dança, língua, ritual, oralidade). Diana aponta para o histórico geral da América Latina e, em específico, para o contexto mexicano, seu país de origem, enfatizando a repressão e apagamento das práticas indígenas pelo ocidente, que são "práticas incorporadas", que ainda continuam não sendo estabelecidas como formas válidas e credíveis de conhecimento.

Podemos notar isso no Brasil e, especificamente, diante do objeto de pesquisa abordado: uma orquestra com base na música afro-brasileira, cujo contexto cultural remete às negras e negros africanos que foram trazidos como escravizados e aqui, a partir das crenças de diferentes locais e povos da África, construíram o que hoje conhecemos como o candomblé, religião de matriz africana que se utiliza da oralidade para transmissão de conhecimentos rituais, culinários, musicais, entre outros, que também não teve o "arquivo" para se estabelecer historicamente, mas que se manteve culturalmente no Brasil, assim como a cultura indígena se manteve no México. Os saberes dos africanos sempre experimentaram o silêncio imposto pela linguagem hegemônica europeia (Sodré, 2017). Dessa forma, tudo gerado a partir do candomblé, como sua musicalidade e percussão, passados entre diferentes gerações por meio da oralidade, também foi historicamente relegado a algo inferior no campo da música e em todos os setores sociais, diante da costumeira ênfase aos estudos e dogmas do ocidente branco e europeu.

De acordo com isso, podemos compreender que, desde sempre, o arquivo sustenta o poder. A memória do arquivo se mantém pela distância, pela possibilidade de voltar e ler o que foi deixado escrito, arquivado; o repertório, ao contrário, é feito pela memória incorporada, pela performance, dança, canto, movimento, tudo que é passageiro, que não permanece da mesma forma, não é reproduzível, ele dança as "coreografias do sentido" (Taylor, 2013). E o ato de transferência se dá dessa forma, quando "o repertório requer presença – pessoas participam da produção e reprodução do conhecimento ao "estar lá", sendo parte da transmissão" (Taylor, 2013, p. 50).

Ao compreender o arquivo como manutenção do poder, Diana Taylor afirma que a cultura ocidental está casada com a palavra, escrita ou falada, e assim a língua reivindica tal poder epistêmico e explanatório. A escrita, memória e conhecimento, é o centro para a epistemologia ocidental (Taylor, 2013). Entendemos, portanto, que a autora desenvolve seu argumento sobre o arquivo e o repertório para mostrar que o repertório e, consequentemente, os estudos da performance, são fundamentais para a compreensão da história cultural dos povos latino-americanos, enfatizando a importância da performance enquanto episteme, sendo uma ferramenta de ensino, manutenção e disseminação de conhecimentos, memória e práticas culturais para os povos da América Latina.

Ao focar no repertório e, por conseguinte, na performance enquanto eixo metodológico, que não foi mantida em escritos, ou seja, nos "arquivos", a pesquisadora enfatiza que diversas culturas latino-americanas se mantiveram até hoje justamente por causa do repertório que foi passado de geração em geração através da oralidade e das práticas rituais incorporadas no cotidiano dessas populações nativas e/ou exploradas. Então, "o repertório permite o aparecimento de perspectivas alternativas dos processos históricos transnacionais de contato e sugere um remapeamento das Américas, dessa vez seguindo tradições de prática incorporada" (Taylor, 2013, p. 50).

Essa perspectiva é relevante aqui por estarmos tratando de um grupo musical que traz raízes musicais e estéticas de um segmento sociocultural brasileiro que também não teve suas memórias preservadas em arquivo, mas que vive até hoje na nossa sociedade. Além disso, a Orkestra Rumpilezz também é nutrida pelo método UPB, criado por Letieres Leite, que pode demonstrar justamente essa união entre o arquivo e o repertório. O Universo Percussivo Baiano (UPB) é uma metodologia que ensina música popular brasileira a partir dos conceitos vindos das matrizes negras, obedecendo sua forma de transmissão secular (oral e corporal) em paralelo com a tradição europeia de ensino da música (leituras e partituras). O UPB também fica visível nos palcos por meio da performance de Letieres Leite em sua regência com a Orkestra: ele dançava, pisava forte, fazia passos e batuques pelo corpo, gestos estes que transmitiam o que ele precisava dos músicos, perfazendo assim uma coreografia, gestualidades que se assemelhavam à transmissão de conhecimentos orais e corporais dos povos originários. Por isso o maestro da Rumpilezz já foi intitulado como o "maestro que dança" pelo jornalista Ramiro Zwetsch em entrevista à revista *Trip*, em 2019. Assim, o que a performance permite é se atentar substancialmente para o repertório de práticas incorporadas como uma maneira legítima de conhecer e disseminar memória, conhecimento e cultura.

Ao partir do poder construído historicamente entre o arquivo e o repertório, fazemos um paralelo de que a manutenção de estereótipos está totalmente relacionada ao poder da representação, da classificação, do estabelecimento de símbolos e significados e o poder da exclusão. Stuart Hall (2016) evidencia a relação da estereotipagem com o poder, que necessita ser entendida não apenas com a exploração econômica e a imposição física, mas, especialmente, em termos simbólicos e culturais amplos, "incluindo o poder de representar alguém ou alguma coisa de certa maneira – dentro de um determinado 'regime de representação'" (Hall, 2016, p. 200). Isso enfatiza a estereotipagem como um dos elementos de vigência da violência simbólica e a manutenção do poder de um determinado segmento sociocultural.

Ao conectar poder, hegemonia e representação, faremos uma ligação com o objeto de análise deste projeto. A música instrumental brasileira como conhecemos hoje teve suas origens no choro, no jazz e na música orquestral de tradição europeia, também conhecida como música erudita ou clássica. Esta arte, durante séculos, tinha a voz como o papel principal e os instrumentistas como coadjuvantes. Foi durante o Renascimento italiano que alguns compositores criaram óperas para grupos de músicos independentes e isso deu origem às orquestras e, consequentemente, à história da música instrumental ou erudita.

Desde lá e tendo a Europa como berço, a organização dos músicos na orquestra segue uma sequência padronizada: os músicos são colocados em semicírculo; os instrumentos de corda ficam na frente, em seguida estão os sopros de madeira, os sopros de metal ficam no centro e a percussão vem por último. Este contexto histórico será detalhado no segundo capítulo deste livro, porém, essa parte introdutória foi trazida para enfatizar as noções entre poder e representação, compreensões formuladas pelos autores pesquisados que servem de embasamento para perceber o projeto musical investigado, no qual uma formação orquestral brasileira e contemporânea modifica as estruturas convencionais, colocando os percussionistas e os atabaques para a frente do palco, fazendo emergir novos laços de poder e representatividade que surgem a partir dessa mudança.

Podemos, dessa maneira, elucidar a representação dos percussionistas, homens negros, filhos de santo e alagbês, que formam o naipe da percussão da Orkestra. É válido lembrar que os percussionistas formam uma classe historicamente invisibilizada tanto entre os músicos do segmento erudito quanto do popular. Os alagbês são os homens responsáveis por tocar os instrumentos no candomblé – é a música, o ritmo específico de cada orixá, que conduz para o processo de incorporação e transe nos seus adeptos. Essa é uma função essencial nesta religião. Desse modo, os alagbês levam seus ensinamentos religiosos para a música brasileira e os incorporam no seu fazer musical enquanto músicos profissionais, a exemplo de Gabi Guedes, filho de santo do Terreiro do Gantois e percussionista na Orkestra Rumpilezz desde o começo, em 2006.

Ao incorporar músicos e alagbês, como é o caso de Gabi Guedes, no eixo do naipe de percussão da Orkestra Rumpilezz, Letieres Leite, seu idealizador, diz muito sobre as intenções político-estéticas do projeto. Uma delas são os homens negros colocados à frente de uma orquestra e a representação de que saíram dos fundos – historicamente colocados na cozinha ou funções subalternizadas – para a sala de estar, para um local de destaque e protagonismo, sendo os únicos a vestirem roupas de gala, smoking e sapatos sociais. Tanto o contexto histórico quanto o detalhamento dessa análise serão ampliados ao longo deste livro.

1.3. TRANSCULTURALIDADE E MOVIMENTO

Desse local de destaque dos percussionistas, avançamos em relação à marcação da diferença, que faz com que a sociedade, simbolicamente, fortaleça culturas e exclua aquilo que for considerado anormal (Hall, 2016). Porém, essa definição da diferença, do "outro", também pode fazer com que ele seja poderoso, atrativo por ser estigmatizado, proibido e impuro. Assim, o que é marginalizado ou está à parte, concomitantemente, está também centrado simbolicamente (Hall, 2016). Como é o caso de Letieres Leite e Orkestra Rumpilezz.

Deste modo, outro conceito abordado por Diana Taylor (2013) é a transculturação. Desenvolvido em 1940 pelo antropólogo cubado Fernando Ortiz, o termo se refere à transformação que passa uma sociedade quando é adicionado material cultural estrangeiro, com a perda ou deslocamento devido à aquisição ou imposição desse material, a exemplo da fusão das culturas indígena e estrangeira para criar um novo e original produto (Taylor, 2013). Segundo Ortiz, o processo da transculturação tem três fases: recebimento de material estrangeiro; perda ou deslocamento de si próprio; e a criação de novo material cultural. Porém, Taylor traz outro autor para confrontar com a ideia de Ortiz. Ángel Rama, em *Transculturación narrativa en América Latina* (2004), demonstra que Ortiz não traz devidamente a seletividade e a inventividade existentes na transculturação. O escritor uruguaio critica e mostra também que o autor cubano considera que uma cultura tradicional receberia passivamente um novo material, colocando-a como uma cultura inferior, como se ela não fosse capaz de estabelecer uma reação criativa e inventiva nessa situação. De acordo com Rama, há quatro processos que correspondem à transculturação: perda, seletividade, redescoberta e incorporação, que podem acontecer simultaneamente.

É comum, diante do processo histórico da América Latina, como explicitado no livro da autora e como compreendemos no Brasil, que exista uma duplicidade de códigos, em que uma tradição esconde outra, o que caracteriza, por exemplo, o sincretismo na Bahia; o que caracterizou a resistência indígena e negra ao colonialismo europeu. Segundo Taylor (2013), ao enfatizar a sobrevivência cultural e criatividade da transculturação, há uma compensação na passividade e retificação advinda da desigualdade de poderes.

Para Gumes (2020), a explanação de Diana Taylor sobre a transculturação sugere um padrão de movimento cultural em circulação, o que caracteriza as territorialidades do Sul global pelo deslocamento cultural provocado através da colonização e escravização de povos africanos e suas consequentes movimentações.

Assim, podemos ver a transculturação no candomblé que, a partir da cultura dos africanos trazidos para o Brasil, aqui criaram esta religião e a mantiveram até os dias de hoje por meio do seu repertório. Outro ponto é a própria fusão que a Orkestra Rumpilezz promove, ao mesclar a música afro-brasileira e afro-caribenha com o jazz norte-americano, criando suas sonoridades diante desse guarda-chuva que é a música instrumental brasileira. E essa ponte entre a transculturação e o que Hall discorre sobre a possibilidade do que é marginalizado, diversas vezes, provocar atração e centralidade de atenção, é notada pela performance incorporada de Letieres Leite e Orkestra Rumpilezz. Pode-se notar a transculturação do projeto desde a sua nomenclatura, diante da junção das palavras vindas do candomblé "rum, rumpi e o lé" com o "zz" da palavra jazz. Isso já designa o senso político, estético, identitário e territorial ao qual o grupo está inserido, sendo transcultural e galgado pelo cosmopolitismo.

A transculturalidade e o posicionamento sobre a reivindicação do protagonismo negro na música e em outros cenários artísticos não é novidade e hoje eles se encontram em grande parte dos artistas da cena musical da Bahia e do Brasil. Atualmente podemos encontrar esse posicionamento em grupos da cena de música pop de Salvador como o BaianaSystem, o projeto musical Aya Bass, ÀTTOXXÁ, Afrocidade, Baco Exu do Blues, IFÁ Afrobeat, Sanbone Pagode Orquestra e da própria Orkestra aqui estudada, entre outros. Portanto, vamos contextualizar alguns desses termos para compreender este espaço que a Orkestra Rumpilezz se encontra.

1.4. A MÚSICA POP EM SALVADOR

Uma Orkestra com "k". O Rumpilezz com "zz" do jazz. Os tênis All Star dos músicos de sopro como vi no episódio descrito na introdução deste livro. Uma orquestra que já fez projetos musicais com Gilberto Gil, Caetano Veloso e Lenine, ícones da MPB, criadores e criaturas do tropicalismo e da cultura de massa. Um maestro que dançava no palco e foi arranjador e produtor musical dos últimos discos e shows de Maria Bethânia, esta considerada a "Abelha Rainha" da MPB e entidade na música brasileira e mídia nacional. Eles estão presentes nas redes sociais do mundo digital, nas plataformas de streaming, na mídia nacional e local com frequência. Esses são alguns dos elementos que me fazem compreender o local ocupado por Letieres Leite e Orkestra Rumpilezz diante da cena da música pop de Salvador, um objeto mediador e de atualização das tradições culturais de matrizes africanas para o mundo contemporâneo em que vivemos, mostrando que "uma das formas pelas quais as identidades estabelecem suas reivindicações é por meio do apelo a antecedentes históricos" (Woodward, 2000, p. 11). Vamos aqui entender um pouco de cada um desses termos a partir de pesquisadores dessa área que investigam essa cena e são especialmente entendidos, pois, como eu, são também de Salvador e desenvolvem seus projetos de pesquisa analisando a cena da música pop na capital baiana.

Em *Pop Negro SSA* (2021), Marcelo Argôlo compreende as cenas musicais como um fenômeno comunicacional e cultural urbano de ocupação da cidade por práticas musicais. Ele descreve essas cenas a partir dos conceitos formulados por Will Straw, pensador canadense responsável por difundir esse termo no campo da comunicação. As cenas servem como chaves para a compreensão das formas de consumo cultural que advêm dessas práticas e assim estabelecem significados nos locais que elas se estruturam e fazem circular suas redes. De acordo com *O novo som de Salvador: a ocupação política/estética da nova cena musical no Carnaval* (2020), de Nadja

Vladi Gumes, uma cena musical precisa de um circuito para acontecer, no qual a circulação de pessoas e objetos culturais faz emergir a visibilidade dos espaços urbanos e preenche a cidade de convivência entre grupos similares ou não.

Portanto, todos os agentes que fazem essa rede circular, sejam artistas, produtores, casas de show, público, mídia, fornecedores, fotógrafos e filmmakers, compõem esse espaço. Dessa forma me incluo nesta rede, já que estou do lado de quem faz os registros dos shows e artistas deste cenário musical baiano, o que me coloca mais uma vez como observadora-atuante nesse processo.

A cena em questão está em Salvador ou em um imaginário territorial da cidade, o que representa o fenômeno diante de um sistema funcional e simbólico das territorialidades, como mostram Gumes e Argôlo no artigo "A cor dessa cidade sou eu: ativismo musical no projeto Aya Bass" (2020). A territorialidade, além de ter uma dimensão política, corresponde ao campo econômico, cultural e afetivo do espaço em que se organiza, pois está "intimamente ligada ao modo como as pessoas utilizam a terra, como elas próprias se organizam no espaço e como elas dão significado ao lugar" (Haesbaert apud Argôlo, 2021, p. 20). Assim, Salvador e suas territorialidades sonoras, étnico-raciais, sociais, políticas, religiosas, afetivas e culturais, compõem essa rede.

Na cultura pop, há uma íntima relação entre a cultura popular e as mídias, e a interação comunicacional dessa rede é crucial para a existência da mesma, segundo argumenta Argôlo (2021). Portanto, as redes sociais e seus fluxos gerados, as plataformas de streaming de playlists, grupos identitários, rastros de navegação, entre outros, são muito importantes nessa composição. Argôlo (2021) afirma que a música pop é aquela que dialoga sua produção, circulação e consumo com as formas estabelecidas no mercado da música como videoclipe, presença no meio digital, estratégia de marketing, interação com fãs etc.

Gumes e Argôlo (2020) defendem a existência e formação de uma cena de música pop ativista em Salvador que foi fomentada a partir do surgimento do BaianaSystem em 2009, grupo musical que une elementos da cultura musical local como a guitarra baiana e o pagode com a cultura do grave e do dub, entre outros elementos, mostrando a transculturalidade que é encontrada nessa rede. Esse novo idioma estético que inspira artistas da música pop de Salvador "representa uma espécie de resistência simbólica ao lugar periférico a que essas práticas estariam submetidas no campo de produção cultural, negociando, dessa forma, seu espaço, observando nesse fenômeno o que Bhabha chama do direito de expressão da 'periferia do poder'" (Gumes e Argôlo, 2020, p. 8). O cosmopolitismo presente na noção de cena e a relação com a periferia como descrito demonstra uma dicotomia entre o Norte e Sul globais, em que essa distinção não é apenas geográfica ou geopolítica. De acordo com Marcelo Argôlo (2021), as proposições de territorialidades demonstram que o Norte concentra o poder político e econômico mundial e o Sul é onde se encontra a periferia desse poder. Portanto, o Sul global é uma territorialidade habitada por agentes sociais e tecnologias que se conectam a partir de "lógicas de subalternização que têm o oceano Atlântico como local emblemático de experiências construídas a partir de uma diáspora forçada" (Gumes, 2020, p. 18).

Os atores da música pop de Salvador, de acordo com os pesquisadores, produzem sonoridades, performance e uma construção política-estética para encenar uma Bahia popular, tradicional e contemporânea. Ao utilizar gêneros e ritmos como samba-reggae, pagode e ijexá com sonoridades transnacionais como rap, dub, afrobeat, funk, jazz e blues, aliado a um ativismo político com posicionamentos antirracistas e contra o preconceito religioso, feminista e contra a desigualdade social, esses atores demonstram o que Gumes e Argôlo chamam de cena de música pop ativista em Salvador. Dessa forma, essa cena provém, segundo Gumes (2020), de um "discurso estético-político, revestido em uma linguagem pop, como observa Janotti Júnior (2015, p. 47): 'são modos de circular no universo cultural contemporâneo através de uma tonalidade cosmopolita'" (Gumes, 2020, p. 16).

No seu e-book, Argôlo (2021) sugere um questionamento pertinente para esta cena: "Por que não usar das ferramentas e estratégias do pop para disputar a ideia de cidade da alegria que se construiu sobre Salvador com ajuda do axé music? Por que não usar o pop para construir a Salvador de Larissa Luz, do BaianaSystem, de Luedji Luna?". E aqui meu complemento: a Salvador da Orkestra Rumpilezz? O autor explica também que um passo importante é desconstruir a ideia de que a música pop se refere à baixa qualidade pela sua associação com o mercado e objetivos comerciais. Ele acredita que podemos distinguir ações de acumulação de capital e de estrita vinculação econômica de produções que utilizam estratégias do mercado para ganhar visibilidade, sustentabilidade e independência para a continuação de seus projetos e acesso ao público. Argôlo defende que "é possível construir dentro da música pop um trabalho que seja valorizado como inovador e criativo" (2021, p. 26). Portanto, artistas que trazem esse potencial político e assumem seu papel de ativista no ambiente da música pop contribuem para a superação da distinção entre os polos do consumo e do entretenimento do da cidadania e da consciência política.

A reinvenção e atualização das tradições de matrizes africanas perpetuadas pelo candomblé e suas ramificações, unidas ao que é transcultural, cosmopolita e também pop, mostra como se constrói essa cena e, por conseguinte, a Orkestra Rumpilezz, no qual Letieres, o idealizador e autor das composições da orquestra, afirmou que mais da metade das suas músicas autorais são recriações a partir de claves rítmicas originárias dos terreiros. Isso parte da noção de africanidade que busca a reconstrução de um pertencimento coletivo a partir de "especificidades históricas e culturais referenciadas no continente africano" (Gadea apud Argôlo, 2021, p. 31). Marcelo Argôlo (2021) compreende a africanidade como uma territorialidade que serve de intermediação entre a população negra e a África idealizada e a utiliza como exemplo para sua afirmação no cotidiano, por meio dos terreiros de candomblé, por exemplo.

Diante disso, podemos notar a territorialidade que esse projeto musical analisado se desenvolveu e se localiza em Salvador, ocupando espaços do Centro da cidade, desde o nascimento e primeiras vivências de Letieres Leite no Gravatá (Nazaré), as reuniões que ocorreram no Teatro Gamboa (Largo dos Aflitos) e que corroboraram no nascimento da Orkestra Rumpilezz até o seu primeiro show em 2006, no Festival de Música Instrumental da Bahia, no Teatro Castro Alves, além da localização do Instituto Rumpilezz no Pelourinho desde 2011, organização que concentra os projetos de Letieres Leite, que são a Orkestra, a Rumpilezzinho e o Letieres Leite Quinteto. Essa territorialidade ocupada pelo projeto afirma seu lugar em espaços históricos do Centro de Salvador, onde há passagem da maior diversidade de pessoas e agentes da cidade e estão presentes os principais acontecimentos políticos e históricos, assim como aglomera variadas instituições políticas, culturais e artísticas essenciais para a vida cultural e efervescente da capital baiana.

Além do local do seu instituto, outras características fazem emergir a territorialidade ocupada pela Orquestra Rumpilezz, como a valorização da negritude e dos elementos que ela traz, a exemplo dos atabaques, instrumentos que fazem parte da orquestra do candomblé, colocados em local de destaque na estrutura física da Orkestra; e os percussionistas, homens negros, filhos de santo e alagbês, que eram reverenciados por Letieres a cada show como "Doutores da Música da Bahia", como explicitaremos melhor no último capítulo deste livro.

Essa trajetória vem desde Os Tincoãs, grupo cachoeirano que levou a musicalidade dos terreiros para a música popular brasileira e difundiu suas músicas nas rádios nacionais nos anos 1960, e assim começou essa fusão e transmissão que observamos nos dias de hoje, continuamente atualizada e renovada com a conjuntura midiatizada e pop. Mateus Aleluia é cantor, compositor, pesquisador musical, membro de Os Tincoãs e atua até hoje no cenário da música afro-brasileira. Nascido e criado em Cachoeira, Recôncavo Baiano, foi responsável, juntamente com Dadinho, outro Tincoã, pela concepção ideológica e artística do grupo. Em 1983 foram morar em Angola e, nos vinte anos que viveram por lá, lançaram o último disco dos Tincoãs. De volta ao Brasil em 2002, Mateus lançou três álbuns, *Cinco Sentidos* (2010), *Fogueira Doce* (2017) e *Olorum* (2020) e segue espalhando suas sabedorias ancestrais e musicalidade pelo Brasil e pelo mundo.

Marcada especialmente pela transculturação, a conjuntura pop se faz presente neste projeto musical analisado, como o próprio nome da Rumpilezz mostra (instrumentos do candomblé + jazz), com o uso do smoking, sapatos sociais e All Star pelos músicos, pela interação do maestro Letieres com o público e a dança que ele fazia no palco, com passos bem-humorados, se assemelhando a cantores da axé music, que fazem laços de proximidade e entretenimento com os foliões por meio da dança e do "tira o pé do chão". Isso demonstrava o jeito íntimo, popular e o posicionamento dele no palco, não sendo apenas o maestro, o regente, mas o mediador entre os músicos, a construção sonora e o público, ratificando a trajetória e experiência de Letieres Leite na axé music durante cerca de duas décadas.

1.5. O PELOURINHO PERMANECE VIVO

Vale aqui fazer um breve histórico dos últimos anos no Pelourinho, esse local emblemático da cidade, que denota um imaginário de Bahia percussiva, alegre e colorida. O Pelô, como é conhecido popularmente, é o local de ensaios do Bloco Olodum e que depois foi sendo ocupado por grupos e artistas de samba-reggae, como Banda Didá e Cortejo Afro. O Pelourinho reúne uma grande quantidade de bares, lojas de turismo, entidades artístico-culturais, shows, e uma missa às terças-feiras que acontece na Igreja Nossa Senhora do Rosário dos Pretos que é tocada com atabaques e funde fiéis da cidade e de todas as partes do mundo. Nessa territorialidade há uma ampla circulação de agentes soteropolitanos e de turistas, onde acontecem muitos eventos culturais, ou seja, é um espaço em constante ebulição, que reúne diversos elementos artísticos e atrativos turísticos.

Além das características pontuadas e expostas acima, Gumes e Argôlo (2020) notam que na cena da música pop baiana há o compartilhamento de afetos. De acordo com eles, afeto é um elemento fundamental da música popular por sua capacidade de nos levar a espaços sociais, físicos e emocionais e, por conseguinte, está em todos os campos e momentos da vida cotidiana. Jeder Janotti (2003) afirma que os afetos correspondem a locais de privilégio da percepção espacial.

Segundo Gumes e Argôlo (2020), as afetividades (gênero, etnia, musical) contribuem como ferramentas que auxiliam a refletir sobre os contornos dessa cena de música pop de Salvador, indo do território geográfico às experiências afetivas dessas práticas musicais. Partindo dessa afetividade que também está posta nos arredores dessa cena, caminhamos a seguir para mais um passo conceitual-metodológico deste livro que é a construção de uma sensibilidade afro-brasileira a partir das ideias trazidas por Muniz Sodré em seu livro *Pensar Nagô* (2017).

1.6. POR UMA SENSIBILIDADE AFRO-BRASILEIRA

Dados os passos metodológicos iniciais dessa saga, temos a performance como episteme, ou seja, como um modo a se conhecer e transmitir; a transculturação como compreensão de fusões culturais ocorridas historicamente no contexto da América Latina e o entendimento da cena musical pop de Salvador. Chegamos, por fim, ao último eixo conceitual-metodológico que forma este livro. A noção de uma filosofia e sensibilidade afro-brasileira é construída por Muniz Sodré através do seu *Pensar Nagô* (2017), que delineia as raízes dessa forma de pensar ao mesmo passo que compreende a estruturação da filosofia tal qual conhecemos, nascida no Renascimento europeu, quando a "ideia de humanidade" foi formulada, pensada e transmitida por essa posição colonialista e hegemônica ocupada pela Europa. Muniz Sodré é jornalista, sociólogo e tradutor brasileiro, professor na Escola de Comunicação da Universidade Federal do Rio de Janeiro, pesquisador das línguas iorubá (nagô) e também Obá de Xangô[1] do terreiro de candomblé Ilê Axé Opô Afonjá.

Assim, compreende-se que a escolha deste corpo conceitual dialoga com a proposta da autora mexicana Diana Taylor, que move seus estudos a partir do contexto cultural latino-americano e, por conseguinte, se distancia de um pensar colonial europeu para aproximar as raízes fundamentais dessa terra. Muniz Sodré, pesquisador baiano radicado no Rio de Janeiro, foi trazido para sedimentar as bases da sensibilidade afro-brasileira desta pesquisa.

No *Pensar Nagô* (2017), Sodré traz o passo a passo de uma desconstrução do pensamento, vindo da filosofia grega iniciática até a chegada a uma forma de pensar que se aproxima das sabedorias africanas e da comunicação transcultural que ele propõe. Para essa comunicação, o autor toma como ponto de partida o sistema simbólico dos nagôs, último grupo étnico que veio forçadamente para o Brasil. Nagô passou a se referir a um nome genérico dirigido aos diversos povos vindos da África, sendo equivalente ao iorubá. Assim, ele delineia um modo afro de pensar por meio dos nagôs, no qual o campo biológico, o simbólico e o espiritual se entrecruzam com uma filosofia própria. Afro, segundo Sodré, não se refere à fronteira geográfica e sim à especificidade dos processos, com diferenças e analogias aos modos de vida europeu.

---

1 Título honorífico criado no Ilê Axé Opô Afonjá por Mãe Aninha em 1936, concedido a amigos e protetores do terreiro. Refere-se a reis ou ministros da região da Nigéria. O título foi concedido a Muniz Sodré por Mãe Stella de Oxóssi, em 1977. Ele foi o primeiro Obá de Mãe Stella.

Muniz também não compactua com a visão conceitual de transculturação do autor cubano Fernando Ortiz, pois acredita que não seja possível a adoção de formas de uma cultura por outra sem ocorrer uma aculturação, ou seja, para ele as sobreposições multiculturalistas submetem as culturas "exóticas" em relação à lógica hegemônica. Portanto, na transculturação delineada pelo autor cubano, há sempre a supremacia e manutenção de uma ordem dominante europeia. Assim, a comunicação transcultural proposta por Sodré não prevê um diálogo "entre", mas a lógica "trans", não uma filosofia de portas, mas de pontes ou transições, nem harmônicas nem conciliatórias, necessariamente, "mas que abrem caminho para novos termos na disputa de sentido" (Sodré, 2017, p. 23), o que converge com o entendimento de Diana Taylor sobre a temática. Dessa forma, por meio da comunicação transcultural no Brasil, há uma filosofia de negociação, entendendo negócio para além da sua égide moralista e capitalista, como uma troca simbólica do dar-receber-devolver, e isso é o que o autor quer dizer com o pensamento nagô, como veremos adiante.

Ao escrever este livro, foi como se escutasse novamente cada coisa que me foi transmitida por amigas, amigos e mãe de santo no candomblé, enfim, todos aqueles e aquelas que contribuíram para que eu adentrasse e me sentisse acolhida e pertencida nesse universo. Faço parte do Terreiro de candomblé Dandalunda e Oyá Matamba, localizado no bairro de Roma, em Salvador.

Uma filosofia que começa na cozinha de casa, que une a dimensão instrumental e a sensível; onde tem a corporeidade como fundamento, tanto individual quanto comunitário; onde a temporalidade é delineada a partir da ação ocorrida e isso cria a noção de tempo e não o contrário. A relação concreta entre homem e natureza; os princípios de reversibilidade que regem essa dinâmica e a inexistência da distinção entre tradição e modernidade são algumas das essências ou âncoras fundamentais que norteiam este pensar nagô, essa filosofia vinda dos terreiros de candomblé. Ela é imprescindível para a construção da sensibilidade afro-brasileira que este livro visa propor. O pensamento nagô se constrói nos terreiros, esses espaços que contêm uma metáfora simbólica da origem, do território histórico da diáspora, onde acontecem os ritos, crenças e pensamentos próprios e, por isso, onde se concentra um espectro afetivo, concreto, vivo e emocional. Os terreiros não são apenas espaços de uma religião; eles são a metáfora da África e predispõem uma filosofia de continuidade e expansão.

Outra consideração importante a se destacar é a questão do sensível e a recusa do sentir como instância primeira da filosofia ocidental. Isso se casa plenamente com as elaborações de Diana Taylor sobre o arquivo e repertório exposto anteriormente. A deslegitimação de saberes corporais, afetivos e espirituais por conta de um pensamento hegemônico foi um sistema rígido construído para e pelo poder de dominação, arraigado pela racionalidade iluminista e pelo conceito de humanidade renascentista, imposta pela supremacia branca europeia para manutenção da sua dominação. Esses autores e este trabalho vivem para servir de reflexão sobre esse projeto político de poder, que não condiz com outras formas de pensar, transmitir conhecimentos e experienciar culturas, humanidades e o mundo, como por exemplo as filosofias africanas e hinduístas. Este livro demonstra a emergência dessa união entre saberes instrumentais, teóricos e metodológicos com a dimensão afetiva e sensível dos relatos de experiências. Trata-se, portanto, "da recusa de separação absoluta entre o dentro (o corpo) e o fora (o mundo)" (Sodré, 2017, p. 81).

Na sua pesquisa, Sodré delineia a Arkhé africana. A palavra Arkhé é de origem grega e se refere à origem, ao princípio material das coisas. Ela é formada por uma corporeidade ativa, vinda da potência do axé, que, por sua vez, é, segundo Muniz Sodré (2017), um potencial de realização ou de não realização, apoiado pelo corpo. A origem ou Arkhé forma a temporalidade que permite a existência e o sentido dos fatos vindos da diáspora forçada. Ela materialmente não existe, é

como um coração, uma "originária protodisposição afetiva geradora de tonalidades afetivas" (Sodré, 2017, p. 97).

A memória mitológica não se refere a dogmas e doutrinas formais e articuladas, mas sim a um repertório de saudações, cantigas, danças, comidas, lendas e símbolos cosmológicos que são transmitidos no dia a dia litúrgico dos terreiros. Por cosmológico entende-se o universo ordenado, a natureza invisível ou a própria filosofia em si, segundo o autor baiano.

A experiência nagô é moderna, nos vários sentidos da modernidade. O afeto é construído através dos modos de percepção de uma comunidade, de uma territorialidade que evoca o centro fundamental, o egbé, o terreiro. Neles há uma organização social que conecta as tradições originárias ao cotidiano litúrgico dos seus participantes e adeptos, e são constantemente acionadas as subjetividades individuais e coletivas. Isso também ocorre na modernidade europeia, por exemplo, porém sob a égide da tecnologia e progresso capitalista, segundo Sodré.

Tanto para os nagôs quanto para os hindus, o corpo abriga todos os princípios cosmológicos, ou seja, todas as divindades, em que o instinto é figurado como um centro de interpretação e contribui para a noção de corporeidade – o saber apenas não se adquire, ele é incorporado. A experiência nagô sacra é mais corporal do que intelectual.

Nesse âmbito, a corporeidade é condição própria do sentido, no qual Sodré utiliza pensamentos do filósofo Boulaga para explicitar que a comunicação original do mundo vem do sentir, pois a presença do corpo no mundo é feita através disso. Essa ação do sentir do corpo faz com que o homem não apenas esteja no mundo, mas tenha o mundo dentro dele, ou seja, ele é o mundo. Nessa cosmologia, humanidade e natureza se entrelaçam e formam um todo único, não há a separação entre espírito e corpo, como na religião cristã, o que se refere também à representação dos orixás, considerados intercessores dos homens junto ao Olorum, segundo Kabengele Munanga (2000). Para o autor, há diversas analogias existentes, tanto os santos católicos quanto os orixás eram homens e mulheres que viveram mundanamente antes de virarem mentores espirituais. Outra curiosidade é que a ideia de anjo da guarda existe em ambas as religiões, com a diferença de que na cosmologia nagô, cada um conhece a natureza do seu anjo guardião (orixá de cabeça) e no catolicismo há apenas a ideia de sua existência, mas não há uma confirmação como a pretendida no jogo de Ifá (Búzios).

Em relação ao termo afeto, Sodré demonstra que há uma diferenciação sutil entre afeto e afecção, no qual o primeiro termo se refere tanto ao corpo quanto ao espírito, em relação ao aumento ou diminuição da potência do agir que vem com o ser afetado; e afecção, como um conceito referido ao corpo e sua ideia. Para o autor, a noção de afetar denota emoção, um fenômeno afetivo, a sensação vem de fora para dentro e é definida por um estado particular de consciência.

> Em linhas gerais, afeto pode muito bem equivaler à ideia de energia psíquica, assinalada por uma tensão em campos de consciência contraditórios. Mostra-se, assim, no desejo, na vontade, na disposição psíquica do indivíduo que, em busca de prazer, é provocado pela descarga de tensão (Sodré, 2017, p. 135).

Diante disso, no pensamento nagô, a música é parte fundamental que transcende a dualidade mente/corpo, que converte a filosofia em manifestação radical do axé (potência) e que, por sua vez, emerge esteticamente na sensibilidade e a constitui como fundamento da Arkhé. Nessa dinâmica, a música é vibratória primordialmente, orienta-se pelo ritmo, toques, canto e dança, em que a percussão é fundamental. Nela as imagens sonoras são tanto auditivas quanto táteis. Outra musicalidade diaspórica trazida por Sodré e que também faz parte do objeto aqui estudado é o jazz. O autor demonstra que, nesse gênero musical, há uma fenomenologia do sentir, isto é, quando o fenômeno e o pensamento são simultâneos e assim suspendem a consciência do sensível e corriqueiro por uma melodia que envolve tanto o músico quanto o ouvinte para sentidos outros. Assim, é enfatizado que há, nessa musicalidade, uma matriz corporal como em outras formas musicais da diáspora forçada africana, que se desterritorializa e aciona alegria, ou alacridade, uma potência ativa que norteia a prática litúrgica da Arkhé nagô, como discorre o pesquisador.

Por meio do aforismo nagô "Exu matou um pássaro ontem, com a pedra que atirou hoje", Muniz traz um ponto crucial para o pensar nagô. A experiência forma a temporalidade por meio do acontecimento, ou seja, o tempo é criado pela ação do que aconteceu. Ele, o acontecimento, por sua vez, desencadeia a temporalidade, a noção do tempo. Dessa forma, o tempo não é estático, exterior às pessoas, ele está dentro do que fazemos acontecer, segundo Muniz Sodré no podcast *Filosofia Pop* sobre o *Pensar Nagô* (2017). Nessa temporalidade importa pouco a data, a obsessão pelos fatos. O essencial é a experiência vivenciada pela comunidade que ali convive. A partir disso podemos concluir que, com Exu, não há começo nem fim, tudo é processo e cada realidade afeta outra para além do espaço-tempo. A ação de Exu, no aforismo citado, não está dentro do tempo, ela o inventa (ou cria) e o determina. Outro ponto relevante é notar que, nessa experiência, está a reversibilidade, o dar, receber, devolver, que é elemento mais importante do que a cronologia dos relógios.

Por fim, na cultura da Arkhé, tudo se conta ou narra. Assim elucidamos aqui o poder da oralidade na transmissão de conhecimentos e na manutenção da memória nos terreiros. De acordo com Gumes (2021), as reflexões de Sodré permitem compreender uma reinterpretação brasileira do legado simbólico africano que apresenta ideias de um mundo comum, uma luta pela inclusão, entidades sagradas, ancestrais ilustres, e perceber o tempo como três dimensões convergentes, inseparáveis, em contraponto a uma linearidade eurocêntrica que divide passado, presente e futuro.

Diante disso, a construção da sensibilidade afro-brasileira neste livro se dá a partir da compreensão de uma territorialidade fundamentada nos terreiros de candomblé, que é a

base central para o pensamento nagô. De lá emergem todas as sabedorias instrumentais, perceptivas e afetivas dessa cosmologia. O sentir e o corpo são ferramentas indissociáveis de apreensão e transmissão de conhecimentos e de vivências, em que a temporalidade e reversibilidade se constituem como válvulas propulsoras de transcendência e manutenção, no qual cada terreiro move e promove as vivências coletivas e individuais e conectam tradição e modernidade no cotidiano das pessoas e das cidades que habitam.

Portanto, essa compreensão de sensibilidade discorrida por Muniz Sodré baseia esta pesquisa por entender que a Orkestra Rumpilezz emerge dessa territorialidade, dos terreiros, e bebe cotidianamente dessas águas desde sua idealização por Letieres Leite até a convivência com os filhos de santo e alagbês, que são percussionistas do grupo, e também através de sua base jazzística, estrutural e musicalmente falando. Além disso, o grupo também evoca a comunicação transcultural que Sodré evidencia, na qual a fusão de saberes culturais coexiste e transcende o padrão hegemônico vigente, numa negociação por vezes conflituosa entre popular e erudito, mas que também traz um local de destaque por meio da proximidade corporal e musical presente.

Outro elemento que chamou bastante minha atenção na primeira vez que vi a apresentação da Orkestra foi a dança do maestro Letieres Leite. Aliás, notei isso também nos ensaios em que estive presente. Primeiro eu o vi no palco e depois nos ensaios. Letieres ficava regendo os músicos com caxixis ou agogô/gã na mão, tocando e dançando. Ora ele fazia movimentos corporais para os lados, como as mulheres costumam fazer quando estão nas rodas, nos xirês, no terreiro. Em outros momentos ele dançava e fazia as gestualidades indicativas para guiar os músicos. Ele também dançava como se embalasse o público e o convidasse a fazer o mesmo passinho juntos. Essa corporeidade tanto para os músicos quanto para o público demonstrava essa comunicação e o sentir do corpo, como se esse sentir – expresso nessas gestualidades – tanto evocasse as memórias das danças dos terreiros quanto nos conectasse uns aos outros.

Nos ensaios era a mesma coisa: Letieres dançava, se mexia, vibrava, reclamava e trazia o princípio vibratório da alacridade/alegria para esses momentos de comunhão e regência. Mais uma vez repetimos aqui: era realmente o maestro que dançava. O objetivo dessa exposição não é de esgotar essas reflexões e análises, mas, especialmente, permitir, como Sodré menciona no seu livro, como uma das bases estruturais do saber nagô, a criação e o fomento de pontes de pensamentos e abordagens diversas. Assim, partindo desses conceitos e com o diálogo iniciado, vamos adiante para construir essa travessia com um breve contexto histórico sobre a música instrumental de Salvador e sobre Letieres Leite e a Orkestra Rumpilezz.

2. BREVE HISTÓRICO DA MÚSICA INSTRUMENTAL DE SALVADOR E DE LETIERES LEITE E ORKESTRA RUMPILEZZ

2.1. ÁGUAS DE OXALÁ

Toda primeira sexta-feira de cada mês acontecia no Terreiro do Gantois o ebó de Oxalá, celebração para o respectivo orixá. Eu ia com frequência entre 2017 e 2019. De branco, as pessoas observavam os orixás virem reverenciar o axé da casa na sala principal e esperavam a sua vez de entrar no quarto de Oxalá. Eu aguardava a minha vez sentada, meditando, fazendo minhas preces, até que chegava a hora de ir. Da sala principal, passávamos para uma antessala. Mulheres mandavam a gente aguardar ali. As pessoas que não estavam com vestimentas brancas precisavam usar panos que cobrissem suas roupas para poder entrar no espaço sagrado. Chegávamos numa outra sala, onde os orixás estavam dançando e os atabaques estavam sendo tocados pelos alagbês e filhos de santo da casa. Pessoas do terreiro também dançavam, outras estavam sentadas ao redor delas.

Agachada, como uma forma de respeito, me dirigi à entrada do quarto de Oxalá, até que disseram que poderia entrar. Um lugar espelhado e branco, com uma grande tigela branca no centro. Ao redor, muitas flores brancas e utensílios de prata e outros objetos que nunca tinha visto antes. Falaram para abaixar e pegar no grande prato, fazer meus pedidos, agradecer. Fiz e faço isso todas as vezes que vou. Ali era o ebó de Oxalá, a grande oferenda para o Senhor do Branco. Em seguida, falei com a mãe de santo que estava presente no dia. Ela sempre diz coisas bonitas e nos abençoa. Ainda agachada, me dirigi à porta de saída. Uma outra mulher me deu grãos de milho branco cozido na mão. Era o ebô de Oxalá. Fui para o salão principal, sentei no banco e os comi. Essa foi a primeira celebração que fui num terreiro. E desde então sempre saía com uma sensação de paz imensa após esse ritual mensal.

Certo dia, estava numa dessas sextas do ebô, os presentes do terreiro cantavam uma cantiga e eu me vi cantando também. As palavras provavelmente eram em iorubá, pensei. Cantei a música e, em seguida, me peguei atônita: como eu sei cantar essa música? Seria de tanto ir ali? Logo vi que não aprenderia uma canção em outra língua em uma festa que era apenas uma vez por mês. Depois de algum tempo, recordei. Em fevereiro de 2019 filmei um show do grupo Pradarrum, de Gabi Guedes, no Pelourinho. Uma das músicas se chamava "Águas de Oxalá" e foi a que eu mais gostei. Filmei e editei essa música. E nesse trabalho de ouvir várias vezes durante a montagem, aprendi a cantá-la. Por isso, no terreiro, eu estava cantarolando. Era isso. Dei muitos risos imaginários ao ver essa interseção entre a música dos terreiros e os projetos musicais provenientes dele, como faz Gabi Guedes com seu Pradarrum.

Em muitas dessas ocasiões no Terreiro do Gantois, eu encontrava Gabi. Ele é filho de santo desse terreiro e, desde seus 10 anos de idade, teve contato com Mãe Menininha, umas das mais conhecidas mães de santo da Bahia. Uma das minhas atividades favoritas ao ir em festas nos terreiros é ver os homens tocando atabaques. Os sons são muito fortes para mim e me arrebatam completamente, além de toda a atmosfera incrível de se ver e sentir as danças e tudo que ocorre nessas celebrações. Outro filho de santo desse terreiro que também vejo tocar atabaques por lá é Iuri Passos, que também se tornou meu professor na UFBA na matéria sobre os ritmos afro-baianos e brasileiros.

Eu vejo esses dois mestres dentro do terreiro e fora dele e acho a coisa mais bonita do mundo – suas vidas são desenvolvidas em torno do terreiro e esse espaço matricial formam suas sabedorias e vivências. Inclusive, utilizo neste livro a dissertação de Iuri, intitulada *O Alagbê: entre o terreiro e o mundo* (2019), que traz essa dinâmica incrível, mas também desafiadora, que é ser de uma religiosidade que se conecta com o tempo da natureza e de seus rituais, ou seja, um tempo próprio que não é o tempo do relógio criado pela humanidade ocidental. Posso fazer uma ponte com o pensamento nagô de Muniz Sodré (2017), quando ele demonstra que o acontecimento é que faz o tempo e não o contrário, demarcando outra relação com a temporalidade de todas as coisas. A partir disso, passamos a compreender essa função e vivência dos alagbês e dos filhos do terreiro, para que assim se possa construir uma trajetória contextual que elucide as bases fundamentais desta pesquisa.

2.2. DOS TERREIROS PARA OS PALCOS

No universo da música afro-baiana e afro-brasileira, os percussionistas têm um papel central e os grupos se formam em torno deles, ou seja, "ele é a atração principal, o articulador de uma linguagem musical que tem nas sonoridades dos tambores seu elemento de força" (Guerreiro, 2000, p. 49). O papel do percussionista é um importante item aqui citado e analisado. E para falarmos de percussão e de música afro-brasileira e afro-baiana, precisamos compreender a atuação dos alagbês e filhos de santo que tocam atabaques nesses rituais.

Os alagbês, xikarangomas e huntós são os homens responsáveis por tocar os instrumentos no candomblé. Eles são os mestres dos ritmos sagrados. É a música, o ritmo específico de cada orixá que "chama" para o processo de incorporação. Essa é uma função essencial nesta religião. Segundo a dissertação de mestrado do músico, filho de santo e professor Iuri Passos (2019), a formação musical que começou a conectar os alagbês à musicalidade popular em Salvador veio das bandas de barbeiros, homens que formaram bandas de jazz, chamadas de "jazes", que tocavam percussão e sopros, criadas no final do século XVII. Eles tocavam em celebrações populares, bailes, aniversários, igrejas e também nas casas de candomblé após seus rituais. Essa prática musical dos "jazes" foi passada de geração em geração para seus filhos.

Assim, pessoas ligadas aos terreiros tiveram grande importância na formação das bandas de jazz, como por exemplo é o caso dos irmãos Lourenço Franklin Gomes, conhecido como Paizinho, e Seu Januário, da casa de Oxumaré, que faziam parte do grupo Brazilian Boys, uma das grandes *jazz bands* da década de 1940 e 1950. Desde então, os alagbês e filhos de santo dos terreiros levam seus ensinamentos religiosos e musicais para a música popular e instrumental, incorporando-os enquanto músicos profissionais, sobretudo enquanto percussionistas. É importante ressaltar aqui o uso da palavra alagbê na sua grafia original, como faz Iuri Passos em sua dissertação. Portanto, aqui seguiremos essa linha.

De acordo com Passos (2019), importantes filhos de santo e alagbês do Gantois levaram seus ensinamentos percussivos e os dissiparam pelo mundo afora, a exemplo de Vadinho Boca de Ferramenta e Gabi Guedes. Vadinho (Euvaldo Freitas dos Santos) é considerado um dos maiores tocadores de atabaques de todos os tempos e "foi o alagbê que levou o atabaque ao limite, tocando esse instrumento como poucos, tornando-se muito conhecido e respeitado por sua arte" (Passos, 2019, p. 73). Ele, Dudu e Hélio, seus irmãos, deram início a uma espécie de selo de qualidade para a profissão do percussionista para as gerações posteriores. "E isso se torna uma prerrogativa daí para frente, pois as pessoas entendiam que ser do candomblé era sinônimo de ser um bom percussionista, um sinônimo de qualidade" (Passos, 2019, p. 73).

Gabriel Guedes dos Santos, conhecido como Gabi Guedes, cresceu junto com a Ialorixá Mãe Menininha do Gantois e iniciou seus estudos de percussão no terreiro aos 10 anos de idade. É dos mais importantes percussionistas atuantes hoje em dia na Bahia e no Brasil, que leva seus conhecimentos do terreiro para os palcos, intermediando e sendo responsável pela fusão entre a música afro-brasileira e a música brasileira contemporânea. Ele atuou com diversos artistas da música nacional como Margareth Menezes, Lazzo, Mateus Aleluia, Gerônimo, entre outros, fez parte da banda de Jimmy Cliff (1990 a 1999) e participou de turnês internacionais com a Oneness Band, ao lado de Burning Spear e The Wailers, viajando para países como Estados Unidos, França, Japão, Havaí etc, além da Tour Afro Bossa Nova, com Paulo Moura e Armandinho. No momento em que escrevo este livro, Gabi Guedes atua com seu próprio grupo, o Pradarrum, fazendo uma ponte entre os ritmos sagrados e a world music; é integrante da Geleia Solar, banda da Jam no MAM; toca com Mateus Aleluia, entre outros importantes ícones da música baiana e faz parte da percussão da Orkestra Rumpilezz, grupo em que está presente desde o seu início, em 2006.

Após saber sobre os alagbês e os filhos de santo que tocam atabaques dentro dos terreiros, vamos entender a tradição dos atabaques. Assim como a cultura africana foi trazida internamente pelas pessoas que aqui chegaram como escravizadas, os atabaques também fazem parte dessa memória e da identidade desses grupos e, portanto, essas pessoas foram reconstruindo suas possibilidades de crenças, rituais e objetos utilizados em suas cerimônias.

Passos (2019) afirma que o atabaque, dentro dos terreiros, não é apenas um instrumento musical, ele é uma divindade, como os orixás. Eles têm seus fundamentos, rituais e oferendas, assim como suas vestimentas para cada celebração. Os atabaques são batizados e possuem dois papéis essenciais nas festas e rituais do candomblé: o de chamar os orixás nas cerimônias e, quando as incorporações são realizadas, o de transmitir as mensagens. Somente o alagbê e seus auxiliares, que tiveram uma iniciação, têm o direito de tocá-los.

O atabaque é um tambor feito de madeira em sua estrutura, tem formato cilíndrico ou cônico, com uma das bocas cobertas

de pele animal, que pode ser couro de boi, veado ou bode. Eles são tocados com as mãos, duas baquetas ou com uma mão e uma baqueta. Os atabaques dentro do candomblé têm seu próprio nome de acordo com a sua nação de origem africana, mas, no Brasil, grande parte dos terreiros adotou nomes que vêm do Fon (Fòngbè), língua dos Jeje e do Ewe, que são o Hun (ou Rum), o atabaque maior, o Hunpí (Rumpi) o atabaque médio, e o Lé, o atabaque menor. O Hun ou Rum é o mais destacado e só os mais experientes podem tocá-lo. Ele é solista, marca os passos da dança e, na escala hierárquica de aprendizado, ele é o último a ser tocado, para que o aprendiz já tenha compreendido todos os momentos, toques e tudo que é necessário para sua condução. Por fim, alabgês e atabaques são fundamentais dentro dos terreiros e sua sabedoria levada para a música popular ao longo dos anos agregou e continua disseminando a sabedoria divina e rítmica na música e nos palcos.

2.3. MÚSICA AFRO-BRASILEIRA E AFRO-BAIANA

Sabemos que a história da música brasileira se entrelaça com a história do próprio país. Ela também remete, portanto, ao tráfico de negros trazidos como escravizados, no qual vieram diferentes povos de diversas regiões do continente africano, com diferentes linguagens, culturas, sabedorias e fé. Nações cujas origens estão em países como Nigéria, Benin (ex-Daomé) e Togo, como Egbá, Egbádo, Ijebu, Ijexá, Ketu, Sabés, Iaba, Anagô, Eyó, Huedá, Mali, Jegum e outros conhecidos no Brasil com o nome de Jeje, chegaram em Salvador no final do século XVIII. No século XIX, os últimos povos que chegaram foram os jejes e os nagôs e, este último, se tornou uma terminologia genérica para a diversidade cultural dos povos vindos da diáspora forçada africana, semelhante com o que aconteceu com a palavra iorubá (Sodré, 2017).

A partir dessa trágica história, foram se sedimentando as raízes culturais afro-brasileiras. Durante o século XIX, com a presença e circulação de escravizados, negros libertos e seus descendentes nas cidades grandes, eles foram conhecendo e estabelecendo novas possibilidades de integração e organização entre si (Prandi, 2000). Segundo Sodré (2017), boa parte dos africanos trazidos para serem escravizados eram presos políticos das lutas contra-hegemônicas do continente africano e muitos deles tinham um alto nível intelectual, eram príncipes, princesas e sacerdotes, a exemplo de Otampê Ojaró, filha gêmea de Alaketui, o rei de Ketu, que fundou o primeiro terreiro de Ketu da Bahia e que foi sucedida por Iya Akobiodé, sua filha brasileira. Ou seja, o candomblé foi desenvolvido por uma elite africana que foi criando laços simbólicos entre pessoas de locais diferentes da África e, para que esses elementos culturais fossem lembrados na memória dos povos que tiveram suas raízes cortadas à força, era necessário que eles pertencessem "ao núcleo de sua existência, pois é este último que sobrevive à ruptura" (Munanga, 2019, p.7).

Assim, convivendo entre si, em bairros e residências coletivas que não eram necessariamente locais adequados para a sua sobrevivência, mas que os mantinham próximos, eles foram estabelecendo uma troca de tradições e línguas que estavam bastante vívidas, criando dessa forma "o que talvez seja a reconstituição cultural mais bem acabada do negro no Brasil, capaz de preservar-se até os dias de hoje, a religião afro-brasileira" (Prandi, 2000, p. 59). Portanto, tendo que conviver juntos, os negros e negras africanas foram construindo o que hoje conhecemos como a cultura afro-brasileira e, especificamente, os ritmos afro-brasileiros, como conta Letieres Leite, em *Nós, os Tincoãs* (2017):

> Fala-se em nação jeje, nação queto, nação angola, ijexás, como fontes puras e específicas de conhecimentos, mas por certo, existe toda uma influência e interação entre estas, o que pode sugerir que essa formação é complexa, como um universo complexo de ritmos e inspirações (Leite, 2017, p. 97).

As músicas do universo do Atlântico negro se tornaram expressões fundamentais das distinções culturais que o povo negro capturava e adaptava à sua nova situação de vida. Assim, eles utilizavam as tradições separadas – mas convergentes – desse universo para recriar a si mesmos enquanto comunidade negra, como também para avaliar e difundir a condição social a que eram submetidos econômica, política e socialmente. "Essa herança musical gradualmente se tornou um importante fator facilitador da transição de colonos diversos a um modo distinto de negritude vivida" (Gilroy, 2012, p. 173).

Assim, fica demonstrado que a música afro-brasileira é uma das bases de formação da música brasileira e foi disseminada através dos negros e negras originários do continente africano e dos terreiros de candomblé, criados a partir deles. É importante aqui definir que essas são as bases do que conhecemos hoje como música afro-brasileira, mas a seguir focaremos em um contexto e exemplos da Bahia. Portanto, nomearei, devido a essas circunstâncias, como música afro-baiana, assim como utiliza a autora Goli Guerreiro em seu livro *A trama dos tambores: a música afro-pop de Salvador* (2000).

A identidade afro-baiana é múltipla e permeada por uma diversidade de fatores que nasceram da origem histórica brasileira e desembocaram na mistura cultural e étnica que formou e forma sua sociedade. Para Guerreiro, "a constituição de uma identidade afro-baiana na qual as tradições africanas estão sendo reinventadas modifica fortemente o cotidiano das camadas negro-mestiças" (2000, p. 49). A constituição e a valorização da negritude inspiradas nas vertentes africanas aconteceram em grande parte por meio da criação dos blocos afro, que, por sua vez, são considerados pela autora como a forma mais visível de expressão e mobilização afro-baiana.

Do território nacional ao internacional, as sonoridades afro-baianas já foram transmitidas por Os Tincoãs, blocos afro, orquestras baianas e pela axé music. Sabemos que outro segmento em que a música afro-brasileira também encontrou território é em sua mescla com o jazz norte-americano, que também contribuiu para o desenvolvimento da música instrumental brasileira e que, unindo-se aos ritmos afro-brasileiros, construiu e tem construído também a música instrumental afro-brasileira e afro-baiana, analisada nesta pesquisa a partir de Letieres Leite e Orkestra Rumpilezz. Assim, faremos um breve apontamento sobre a história do jazz.

O jazz surgiu como forma musical reconhecível por volta de 1900 e seu núcleo principal vem do blues cantado, dos afro-americanos escravizados, dos seus descendentes e das interações entre as culturas espanhola, francesa e anglo-saxã. Cada uma delas produziu um tipo de fusão musical afro-americana característica: a latino-americana, a caribenha, a francesa e várias formas de música afro-anglo-saxã, como as canções gospel e country blues, o que Diana Taylor chama de transculturação, um processo que caracteriza a movimentação cultural nas Américas desde a colonização, que "consiste na aquisição de novo material cultural de uma cultura estrangeira, a perda ou o deslocamento de si próprio e a criação de novos fenômenos culturais" (Taylor, 2013, p.157). O jazz não nasceu simplesmente em New Orleans, nos Estados Unidos, mas é proveniente de um conjunto de fatores históricos, sociais e culturais vindo desde diferentes povos e regiões que tiveram seu estopim em New Orleans. Este local tem o título de berço do jazz, por sua vez, pois foi lá que as bandas de jazz surgiram como fenômeno de massa e eclodiram em reconhecimento nacional e internacional.

A palavra jazz apenas conquistou significado e status de palavra impressa por volta de 1915. Tal gênero é baseado em frases musicais entre perguntas e respostas e improvisações instrumentais. O jazz se desenvolveu não só na linguagem básica da música popular, mas também como uma arte sofisticada que buscou não só fundir, mas competir com a música erudita estabelecida no mundo ocidental (Hobsbawm, 2012). A formação estrutural tradicional desse gênero é chamada de big band, também conhecida como orquestra de jazz ou *dance band*. A estrutura de uma big band é composta de 12 a 25 músicos. Ela é formada, basicamente, por quatro naipes de instrumentos: naipe dos saxofones; dos trompetes e trombones; o naipe formado pela guitarra, bateria, baixo ou contrabaixo e piano; algumas usam o naipe de cordas, formado por violino, viola e violoncelo. As big bands ainda podem utilizar outros instrumentos, como flauta, clarinete e instrumentos percussivos.

De volta ao universo da música afro-baiana para entender essa trajetória, partimos de Os Tincoãs, grupo criado entre as décadas de 1960 e 1970 em Cachoeira, Bahia, que trazia interpretações dos cânticos do candomblé por meio dos atabaques, agogô, xequerês e violão. O grupo, que passou por algumas diferentes formações, teve em uma delas o trio Heraldo, Dadinho e Mateus Aleluia. Eles transmitiam de forma fiel a representação da herança religiosa africana e assim levaram para a música brasileira essas sonoridades. Segundo Iuri Passos (2011), o trio cachoeirano é uma referência fundamental para a música afro-brasileira e afro-baiana. O pesquisador conta que essa musicalidade teve início no final do século XVII com as bandas de barbeiros, como já exposto anteriormente. Além dos tambores, eles passaram a tocar outros instrumentos de cordas, sopro e harmônicos e assim Os Tincoãs perpetuaram essa musicalidade com a preocupação não só com o ritmo, mas com as harmonias e melodias criativas e sofisticadas.

Nos anos 1980, Salvador viu nascer um novo movimento: o da música percussiva vinda dos blocos afro, com as letras e sonoridades trazendo o universo negro para o centro da temática. Isso reacendeu o orgulho das raízes e identidade negra. De acordo com Guerreiro (2000), os ensaios dos blocos afro eram espaços de encontro, de troca, afirmação de valores, gostos e interesses que representavam e constituíam um local ideal para o processo de construção da identidade afro-baiana. De certa forma, eles estruturavam o que era ser negro em Salvador. Para a autora, o samba-reggae é o principal produto de movimentação afro-baiana e "a música movimenta milhares de jovens que se dirigem para os eventos afro da cidade a fim de cantar, dançar e reafirmar a força e a beleza da cultura afro-baiana" (Guerreiro, 2000, p. 52). Filhos de Gandhy (1949), Ilê Aiyê (1974), Olodum (1979), Malê de Balê (1980), Muzenza (1981), Araketu (1981), Banda Didá (1993) e Cortejo Afro

(1998) são alguns dos blocos afro que fizeram e fazem história e contribuem para a afirmação e valorização da negritude em Salvador, na Bahia e no Brasil, inspirando diversas gerações e musicalidades, colocando a música afro-baiana como eixo principal da narrativa histórica e popular.

O Ilê Aiyê representou uma revolução no comportamento da negritude baiana, que começou a assumir e se empoderar de sua beleza, seu black power, enquanto se iniciava também a retomada da tradição rítmica. O bloco foi criado no contexto carnavalesco no bairro da Liberdade, especificamente no Curuzu, em 1974. Ilê Aiyê significa "casa dos negros, terreiro dos negros" e, como outros blocos afro, tem também uma função social comunitária e educativa. É um bloco de pessoas negras para pessoas negras (Guerreiro, 2000).

O samba-reggae, uma mistura do samba duro com ritmos jamaicanos, ficou conhecido pela mídia durante o carnaval de 1987 com o estouro da música "Faraó", ou melhor, "Deuses, Cultura Egípcia, Olodum", seu título original, de Luciano Gomes dos Santos, compositor do bloco Olodum. Esse bloco, portanto, com seus tambores e seu projeto educativo foi ganhando cada vez mais visibilidade nacional e internacional, sobretudo depois de uma gravação com Paul Simon em 1990 e do clipe da música "They Don't Care About Us", de Michael Jackson, dirigido por Spike Lee, no qual Michael usava camisas do Olodum, demonstrando imageticamente o Olodum em seu corpo, contribuindo assim para que todas as atenções se voltassem para o bloco e para a sonoridade do samba-reggae. Dessa forma, o Olodum passou a ser um grupo conhecido internacionalmente e encontrou na territorialidade do Pelourinho a sua fonte de resistência, pulsação e comercialização (Guerreiro, 2000). Esses são os blocos afro que influenciaram Letieres na criação e desenvolvimento da sua Orkestra Rumpilezz. Antes de chegarmos ao contexto específico que propiciou ao maestro a estabelecer as diretrizes de sua orquestra, vamos passar por um breve histórico da música instrumental de Salvador.

2.4. A MÚSICA INSTRUMENTAL EM SALVADOR

Na capital baiana, a trajetória da música instrumental teve seu boom criativo, experimental e inovador a partir dos anos 1970 e atingiu seu apogeu na primeira metade de 1980. É válido lembrar o contexto histórico em que se encontrava o Brasil nesse período. De 1964 a 1985, o país estava sob o regime da ditadura militar. De 1974 a 1979, o governo Geisel iniciou uma lenta e gradual abertura política. No governo Figueiredo, de 1979 a 1985, chegou ao fim esse período. Foram 21 anos de ditadura.

Anteriormente, em 1954, foi fundada a Escola de Música da Universidade Federal da Bahia, localizada no Canela. Isso proporcionou trocas e experimentações entre professores, pesquisadores, musicistas, compositores e alunos. Na Escola de Música passaram nomes como os suíços Ernst Widmer e Walter Smetak e os baianos Paulo Gondim e Lindembergue Cardoso, entre outros, que foram responsáveis, em grande parte, por experimentações e ideias inovadoras que inspiraram gerações posteriores. Ao mesmo passo que provocou um turbilhão de criações, a fundação da Escola de Música também trouxe diversos tensionamentos entre a música feita nas ruas e guetos da cidade e as pensadas a partir da Escola de Música, que bebia das águas musicais eruditas e europeias e, portanto, não era tão próxima da efervescência da música popular. Por isso também, músicos começaram a se reunir para criar e praticar uma musicalidade que correspondesse aos anseios da época.

Nos anos 1970 a cena de música instrumental em Salvador começou a borbulhar com a criação de três grupos que se tornaram referência: a Banda do Companheiro Mágico, o Sexteto do Beco e o Raposa Velha. Muitos deles estavam ligados aos Seminários de Música da UFBA, outros não faziam cursos e eram autodidatas, mas queriam ir além da prática da noite. Dessa forma, com músicos que buscavam métodos e técnicas para enriquecer seus percursos de improvisação na música, esses grupos foram responsáveis pelo surgimento de novas bandas instrumentais com características experimentais e inovadoras, como veremos a seguir.

Fundada nos anos 1970, a Banda do Companheiro Mágico foi o primeiro grande grupo instrumental em Salvador com pretensões artísticas, de acordo com Queiroz (2010). Com Sérgio Souto como um dos seus fundadores principais, tinha na sua formação Guilherme Maia (baixo), Toni Costa (guitarra), Ary Dias (bateria) e também contava com a participação de Anunciação (bateria e percussão). Nos sopros estavam Sérgio, Mem Xavier (flautas), Tuzé de Abreu, Zeca Freitas, Veléu Cerqueira (sax), Boanerges (trompete) e Gerson Barbosa (trombone).

Objetivamos aqui apenas pontuar alguns dos marcos fundamentais do contexto da cena da música instrumental de Salvador para a compreensão dessa trajetória até os dias de hoje. Assim, a partir dessas bandas e instrumentistas, novos grupos e musicalidades foram sendo criadas, como foi, por exemplo, com o percussionista e baterista Ary Dias, que, em 1977, fundou, no Rio de Janeiro, A Cor do Som, junto com Armandinho, Dadi, Mu e Gustavo, se tornando também um marco importante de reconhecimento nacional e internacional da música popular brasileira.

Nascida a partir da Banda do Companheiro Mágico, o Sexteto do Beco (1980) foi sendo desenvolvido desde a primeira metade da década de 1970 pelos músicos Aderbal Duarte (violonista, compositor e arranjador), Sérgio Souto (flautista, saxofonista, regente, arranjador e compositor) e Thomas Gruetzmacher (violonista, arranjador e compositor). No ano de 1976, entraram para o grupo Antônio Sarkis, Marco Esteves e Oscar Dourado, colegas da Escola de Música da UFBA. Assim, o trio formado inicialmente por dois violões e flauta adicionou voz, sax soprano e contrabaixo acústico, para fazer experimentações timbrísticas e novas orquestrações. Eles se reuniam em um beco no bairro de Pituaçu para suas jam sessions.

Este grupo de música instrumental chegou a ter dezenove músicos e tinha a proposta de utilizar elementos da cultura musical popular numa linguagem universal. Nomes como Anunciação, Fred Dantas, Paulinho Andrade, Tuzé de Abreu, Gerson Barbosa, Guimo Mygoia, Zeca Freitas, Kity Canário, Andréa Daltro, Veléu Cerqueira, Rowney Scott, Ivan Bastos e Ivan Huol fizeram parte da sua história – artistas estes que continuam atuando como professores, instrumentistas e agentes culturais na cena da música instrumental de Salvador.

As sonoridades inovadoras criadas transformaram o grupo num laboratório na área de arranjo, composição e improvisação, tornando-o uma rede de pesquisa, estudo e práticas para músicos da cena baiana e provocando uma profunda ruptura entre a academia da Bahia (baseada na música erudita europeia e com muitas referências norte-americanas) e as raízes brasileiras de música instrumental. Dessa forma, o Sexteto fez parte da vida instrumental baiana com suas ebulições, jam sessions e shows entre o Teatro Castro Alves, o ICBA (Goethe Institut Salvador), o MAM-BA e o Teatro Vila Velha, abrindo sonoridades e caminhos para outros instrumentistas e grupos, como o Grupo Garagem, Tríade e Operanoia, entre outros, continuando a ser referência na Bahia contemporânea.

Além disso, a primeira escola de música popular de Salvador, a AMA (Academia de Música Atual), foi criada pelos fundadores do Sexteto do Beco, Thomas, Aderbal e Sérgio, que acolheram e passaram seus conhecimentos sobre música instrumental, jazz e improvisação na música popular para jovens músicos, que não encontravam tanto terreno aberto nesses campos na Escola de Música da UFBA. O único registro do Sexteto, o LP *Sexteto do Beco* (1981) esgotou-se rápido na época e, apenas em 2016, com a ideia capitaneada por Sérgio Souto (que faleceu em 2014) e continuada por seus familiares, houve a reedição do vinil do grupo, o CD, sua versão digital e um site, lançados após o edital setorial de música da Secretaria de Cultura do Estado da Bahia.

Outra banda que podemos destacar como essencial para a difusão da música instrumental em Salvador é o Raposa Velha, que foi o grupo mais *avant-garde* da cidade na sua época, segundo o pesquisador Queiroz (2010). Zeca Freitas (sax e piano) e Fred Dantas (trombone) juntaram-se com Carlinhos Marques (baixo) e os irmãos Mou Brasil (guitarra) e Jorge Brasil (bateria) para criar caminhos musicais entre o free jazz, a vanguarda europeia e muito experimentalismo. Seu LP *Raposa Velha* foi gravado na WR, com produção de Nicolau Rios e saiu em 1981. Remanescente desse grupo, Frederico Meirelles Dantas tornou-se um renomado músico e agente cultural da cidade. Formado em composição e trombone pela Escola de Música da UFBA, Fred Dantas, como é conhecido, foi membro da Orquestra Sinfônica da UFBA, fundou a Oficina de Frevos e Dobrados em 1982 e depois a Orquestra Fred Dantas. Além disso, tornou-se responsável pelo projeto Filarmônica das Crianças, em parceria com a UNICEF, e também criou a Escola e Filarmônica Ambiental, em Camaçari, e a Lira de Maracangalha.

É válido lembrar que, em agosto de 1964 o Teatro Vila Velha, importante instrumento cultural fundado neste mesmo ano no Passeio Público, Centro de Salvador, recebia o espetáculo "Nós, por exemplo", que apresentava ao público jovens cantores, compositores e instrumentistas influenciados pela bossa nova. Gal Costa, Maria Bethânia, Caetano Veloso, Gilberto Gil, Alcyvando Luz, Fernando Lona, Antonio Renato (Perna Fróes) e Djalma Corrêa foram alguns desses músicos revelados nessa apresentação. O percussionista e compositor Djalma Corrêa veio do estado de Minas Gerais estudar nos Seminários de Música da UFBA. Após o show "Nós, por exemplo", ele prosseguiu os estudos sobre percussão afro-baiana e assim fundou o Baiafro (1978), que foi um dos grupos pioneiros de percussão e que trouxe os alagbês e sabedorias do terreiro como elementos centrais para a construção de musicalidades. Ele participou da Orquestra Sinfônica da UFBA, fez trilhas para filmes e para o teatro, tocou em grupos como The Dave Pike Set, The Mild Maniac Orquestra, Doces

Bárbaros, Paulo Moura, Gilberto Gil, Patrick Moraz, e participou de diversas pesquisas sobre religiões afro-brasileiras e cultura popular pelo Brasil e África.

Outro evento marcante nesta cena aconteceu no ano de 1978, quando se apresentaram no palco do Teatro Castro Alves os músicos Victor Assis Brasil, Sivuca e Hermeto Pascoal no show "Nosso Encontro"; o Sexteto do Beco no show "Prelúdio do Beco", estreia do grupo; o Conjunto Tokk, do Japão; o show com os instrumentos de Walter Smetak; Billy Higgins Quartet e a Orquestra Vivaldo Conceição. Naquele ano também houve três dias de apresentações de Egberto Gismonti e Academia de Danças.

Outro marco na cena instrumental de Salvador que ocorreu em 1980, por causa da atividade dos grupos instrumentais, foi o I Festival de Música Instrumental da Bahia, que teve nove edições. Diversos grupos e artistas locais se destacaram no festival: Grupo Garagem, Oficina de Frevos e Dobrados, Raposa Velha, Banda Livre, Sexteto do Beco, Vivaldo Conceição, Corpo e Alma, Grupo Pulsa, Mou Brasil, Andréa Daltro, Rumbaiana, Operanoia, entre outros. Em 1982, o encontro musical entre Sivuca e Hermeto, de 16 a 18 de junho em Salvador, deixou lembranças e impactos nos músicos da cidade. Em uma das três apresentações, Hermeto abriu espaço para que possíveis músicos presentes na plateia pudessem ir ao palco improvisar e, naquela ocasião, subiram ao palco Rowney Scott, Paulinho Andrade e Letieres Leite, que viriam a ser músicos e agentes culturais fomentadores da cena da música instrumental de Salvador.

Um dos eventos no calendário da música instrumental de Salvador, a Jam no MAM, que acontece desde 2007, é liderada por Ivan Huol e pela banda Geleia Solar e realiza jam sessions há mais de quinze anos no Museu de Arte Moderna da Bahia, no Solar do Unhão. A Jam no MAM contribuiu para consolidar a cena instrumental perante os músicos e o público, recebendo participações e promovendo uma rotatividade entre os instrumentistas baianos. A banda Geleia Solar é formada por diferentes gerações de exímios músicos como André Becker, Bruno Aranha, Felipe Guedes, Gabi Guedes, Ivan Bastos, Ivan Huol, Joatan Nascimento, Matias Traut, Rowney Scott, entre outros. Com um repertório autoral, com a valorização de composições de instrumentistas baianos e trazendo um jazz com sotaque baiano, a JAM no MAM, projeto da Huol Criações, já teve mais de 600 mil pessoas em suas apresentações. Os músicos da banda também já atuaram e continuam atuando como instrumentistas de outros importantes grupos da cena musical soteropolitana.

Outro marco semanal da atualidade que pode ser destacado em Salvador é o Jazz na Avenida, que, desde 2013, nas quintas e sextas-feiras, oferece, respectivamente, blues e jazz aos soteropolitanos. Idealizado por Laurent Rivemales e Patrice Deloupy, dois franceses radicados em Salvador, as jam sessions foram ganhando espaço, reunindo músicos da cena instrumental da cidade além de um público participativo. Hoje eles têm a Associação Projeto Jazz na Avenida para incentivar as pessoas a apoiarem financeiramente o projeto.

Com a ascensão da axé music, diversos instrumentistas trabalharam com cantores e cantoras que ganharam grande visibilidade, possibilitando que esses músicos tivessem acesso a instrumentos de ponta, experiência e discernimento para colocar seus projetos autorais adiante, a exemplo do próprio Letieres Leite. Não esquecemos da presença da musicalidade instrumental no carnaval de Salvador aprimorada com o pau elétrico e a fobica, que resultaram, respectivamente, na guitarra baiana e no trio elétrico, indispensáveis para a ascensão do carnaval na cidade. Vale lembrar e enfatizar que, no último dia do carnaval, ocorria o duelo de guitarras na Praça Castro Alves, conhecido como Encontro de Guitarras, quando duelavam guitarristas de três trios diferentes. Eles "tocavam frevos em andamentos rapidíssimos, choros e também transcrições de peças do repertório "clássico", como o Moto Perpétuo, de Paganini, o Bolero de Ravel, Czardas, de Monti"

(Queiroz, 2010, p. 71). Quando dava meia-noite, tocavam o Hino do Senhor do Bonfim, e assim o carnaval se encerrava. Osmar Macêdo, Sérgio Albuquerque, Ricardo Marques, Cacik Jonne, os irmãos Luiz e Mou Brasil, Nino Moura, Missinho, Aderson, Pará Monteiro, Fernando Padre, Luiz Caldas, Armandinho Macêdo e Pepeu Gomes são os guitarristas que mais se destacaram no carnaval baiano e se tornaram figuras indispensáveis na cena da cidade.

Em 2021, notamos a presença de grandes instrumentistas, grupos e eventos instrumentais consolidados em Salvador, colocando a cidade em um patamar de inovação, criação e de excelência diante da música instrumental, com grupos como a popular OSBA (Orquestra Sinfônica da Bahia) e o maestro Carlos Prazeres, o NEOJIBÁ (Núcleos Estaduais de Orquestras Juvenis e Infantis da Bahia), Orquestra Sinfônica da UFBA, Maestro Fred Dantas e Orquestra, Orquestra Afrosinfônica, o próprio Letieres Leite e Orkestra Rumpilezz e, nos últimos anos, de 2015 a 2021, Salvador teve uma ascensão de grupos da nova geração de músicos como Pirombeira, Funfun Dúdú, IFÁ Afrobeat, Skanibais, Saravá Jazz Bahia, SSA (Som Soteropolitano Ambulante), Sanbone Pagode Orquestra, Sonora Amaralina, Jam Delas, entre outros.

2.5. LETIERES LEITE E A ORKESTRA RUMPILEZZ

No dia 23 de maio de 2006 subia pela primeira vez aos palcos do Teatro Castro Alves, em Salvador, o projeto musical Letieres Leite e Orkestra Rumpilezz. A Orkestra é resultado de uma percepção e desejo iniciado nos anos 1980 por Letieres Leite. A trajetória de ambos se confunde e se complementa, justamente porque as vivências e experiências musicais de Letieres foram consolidadas no seu projeto de maior visibilidade e sucesso nacional e internacional: a Orkestra Rumpilezz, composta por músicos de percussão (atabaques, surdos, timbau, caixa, agogô, pandeiro, caxixi), músicos de sopro (trompetes, trombones, saxes alto, saxes tenor, sax barítono e tuba) e o maestro. A Orkestra une a música instrumental afro-brasileira e afro-latino-caribenha com elementos do jazz na musicalidade, tem a estrutura de uma big band e funde as vertentes negras diaspóricas do Brasil, América Latina e dos Estados Unidos.

O músico, pesquisador e educador Letieres dos Santos Leite atuava na área musical há mais de quarenta anos. Letieres – o garoto que apenas tinha sobrenomes – nasceu no dia 8 de dezembro de 1959, se criou no Gravatá (centro de Salvador) e foi por essa região que teve suas primeiras influências musicais. Quando tinha 12 anos, participou da Orquestra Afro-Brasileira de Emília Biancardi[2] e também foi aluno de Moa do Katendê. Mas sua porta de entrada na vida acadêmica foi no curso de Artes Plásticas. Em 1977 ele entrou na escola de Belas Artes da UFBA.

Anos depois foi para Porto Alegre e, autodidata em música, começou suas primeiras bandas e trabalhos profissionais na área. No Sul do país, fundou grupos como a Banda de Nêutrons, Espírito da Coisa, Abelha Rainha e tocou com artistas como Nei Lisboa, Renato Borghetti, Antônio Villeroy, Elton Saldanha, além de, em 1984, escrever arranjos para a Orquestra Sinfônica de Porto Alegre (OSPA), na época do Festival Nacional da Canção. Mudou-se para a Áustria em 1985, entrando no Franz Schubert Konservatorium em Viena, e lá viveu por mais de dez anos, transitando entre grupos que mesclavam jazz, música brasileira e percussão. As composições inspiradas nesta época resultaram na elaboração posterior de temas que viriam a ser a marca da Rumpilezz: sopros e percussão.

Nos anos 1980, quando morava em Viena, Letieres via pouca produção de música na Bahia voltada para a improvisação, a qual ele tinha grande interesse. Ele quase não sabia de grupos que utilizavam os ritmos afro-brasileiros nessas criações,

---

2 Etnomusicóloga, professora e pesquisadora da música folclórica brasileira, Emília Biancardi é especialista nas manifestações tradicionais da Bahia. Nascida em Salvador, criou, em 1962, o VIVA BAHIA, primeiro grupo parafolclórico do Brasil, levando para os palcos do mundo todo a corporificação de suas pesquisas sobre o universo musical afro-baiano.

então começou a compor e unir seus conteúdos pesquisados. Depois se encontrou com outro desafio: como explicar os ritmos para outros instrumentistas para que executassem bem esses toques percussivos? A partitura, para ele, não dava conta. Assim, Letieres foi também desenvolvendo um método para passar esses ensinamentos para os músicos. Dessa forma, as peças foram começando a ser formuladas e a se encaixar, nascendo assim as sementes do que posteriormente viria a ser a Orkestra Rumpilezz.

Seus estudos e encontros com artistas de diversas partes do mundo – sobretudo cubanos – foram ampliando sua visão sobre a música percussiva e brasileira e a noção do estudo e difusão do ritmo. Aqui podemos fazer uma ponte com os ritmos afro-caribenhos, pois também mostram influência na musicalidade da Rumpilezz. Desde o conterrâneo Gerônimo, que foi o pioneiro em mesclar ritmos afro-baianos como ijexá e os ritmos afro-caribenhos em terras soteropolitanas (Guerreiro, 2000), assim como a experiência de Letieres com a música cubana, observamos a influência da música afro-caribenha diante do grupo estudado.

A partir dessa trajetória, Letieres se apresentou em festivais pela Europa e Brasil, dividindo palco com Gil Goldstein (1990), com Herbie Kopf e a banda Hip-Noses (1990-1991), com Paulo Moura no Montreux Zurich Jazz Festival (1992), Alfredo de La Fé pela Itália e França, Raul de Souza (Mistura Fina, Rio de Janeiro, 1995, com Hip-Noses) e Márcio Montarroyos (2005).

Em 1994, Letieres retornou ao Brasil e continuou com suas pesquisas sobre o universo da música percussiva da Bahia, ao mesmo tempo que trabalhava na produção e/ou direção musical de discos e shows de artistas soteropolitanos, ampliando ainda mais seu conhecimento da rítmica baiana. Ele também lecionou no curso de extensão em saxofone da Escola de Música da Universidade Federal da Bahia entre 1998 e 1999 e fundou, em 2002, a AMBAH, Academia de Música da Bahia, com os então sócios Alberto Lyra e Gerson Silva, com o objetivo do ensino de música e tecnologia na capital baiana.

Através dessa escola, músicos profissionais e amadores tiveram contato com uma sistematização da música afro-baiana e metodologias de ensino de música com adaptações das escolas de referência mundial como Berklee (EUA), Universidade de Música e Performances Artísticas (Viena-Áustria) e Instituto Superior de Artes de Havana (Cuba). Em pouco tempo a AMBAH conseguiu ótimos resultados, segundo Letieres, e revelou músicos com esta formação para o mercado musical soteropolitano e brasileiro, a exemplo de Kainã do Jêje (Ivete Sangalo, Gilberto Gil), Jaime Nascimento (Orquestra Rumpilezz, Bell Marques), CDU Guedes (Léo Santana), Diego Assis (Banda Araketu), Tiago Silva (Núcleo de Cristo e professor de música em várias escolas em Salvador), Jeferson Silva (Candiló), Isabela Meireles, Mariana Silva, Léo Couto, Rodrigo Sestrem, dentre outros.

Ao longo dos anos, o idealizador da Rumpilezz gravou com o percussionista marroquino-senegalês Mokthar Samba, com Morotó Slim e os Retrofoguetes, Gilberto Gil, Naná Vasconcelos, Nico Assumpção, Elba Ramalho, Lulu Santos, Timbalada, Daniela Mercury, Elza Soares, Stanley Jordan, Carlinhos Brown, Olodum, Toninho Horta, Arthur Maia, Márcio Montarroyos, Hermeto Pascoal e trabalhou cerca de vinte anos na cena do axé music, compondo a Banda do Bem, da cantora Ivete Sangalo, permanecendo por catorze anos no grupo e tendo participado de oito álbuns e três DVDs da cantora (Fonte Nova, Maracanã e no Madison Square Garden, em Nova York).

Outro importante momento que pode ser destacado na carreira de Letieres Leite ocorreu quando ele foi responsável pela regência do grupo Hermeto Pascoal & Big Band, no Festival de Música Instrumental da Bahia, em 2004, com Hermeto ao piano. E no ano de 2005 Letieres realizou um encontro no Teatro Gamboa, em Salvador, formado por músicos da cena instrumental baiana, que contou com a presença de percussionistas que tocavam atabaques, sobretudo alagbês, e o chamou de projeto Rumpilezz. Assim o caminho para a Orkestra já estava dado, estreando em 2006 no Teatro Castro Alves, como contado na abertura deste texto.

Ao longo desses quinze anos liderando a Orkestra Rumpilezz, Letieres teve seu trabalho consolidado enquanto arranjador, maestro, diretor e produtor musical, instrumentista, pesquisador e educador, no qual, além dos projetos do Instituto Rumpilezz, ele era requisitado para a direção musical e arranjos de shows e discos, como, por exemplo, seus feitos mais recentes em relação a nomes da música popular brasileira. Letieres assinou a direção do musical de Elza Soares e ganhou na categoria especial de melhor arranjador no Prêmio Reverência de Teatro Musical (2018) por esse trabalho. Ele também fez a direção musical e arranjo do espetáculo "Claros Breus" (2019) e do disco *Mangueira – A Menina dos Meus Olhos* (2019), ambos de Maria Bethânia. A parceria entre o músico e a intérprete continuou na direção e arranjo que Letieres também assinou do álbum *Claros Breus*, que a cantora gravou em estúdio no ano de 2020 e rendeu viagens cuidadosas do maestro de Salvador, onde residia, ao Rio de Janeiro, já que o Brasil e o mundo já estavam assolados pela pandemia. Letieres também fez arranjos de singles para nomes como Paulo Miklos e Nação Zumbi.

O maestro da Rumpilezz também dirigiu e fez os arranjos para a orquestra do "Tributo a Miriam Makeba" durante o "Back to Black" (2013), com um grande elenco de artistas nacionais e internacionais, como Gilberto Gil, Alcione, Aicha Koné (Guiné Conacri), Ismael Lô (Senegal), Ladysmith Black Mambazo (África do Sul), Iyeoka (Nigéria), Buika (Espanha) e Sayon Bamba (Guiné Conacri), e que também contou com a presença da neta da homenageada, Zenzi Lee Makeba (África do Sul).

Além desses feitos enquanto diretor e arranjador, Letieres seguiu apresentando o método criado por ele, o Universo Percussivo Baiano (UPB), em palestras e workshops pelo mundo, como por exemplo na residência no Berliner Jungend Jazz

Orchestra (Alemanha), oficinas no San Jose Jazz Festival (EUA), Universidade Federal do Rio de Janeiro, Universidade Federal do Rio Grande do Sul (UFRGS), Conservatório Musical Souza Lima (São Paulo) e realizou masterclasses no City College of New York (EUA) e no New York Library for the Arts (EUA). O músico, em paralelo ao concerto com a Afro Latin Jazz Orchestra, também partilhou a metodologia do UPB em Nova York e no Conservatório de Música de Havana, em Cuba. Em Salvador, Letieres já ministrou oficinas no Museu de Arte da Bahia e podia ser tranquilamente encontrado fazendo uma participação na Jam no MAM.

Após compreender o contexto que a fez emergir, voltamos para a Orkestra Rumpilezz. Por toda sua concepção, formulada desde a parte musical até a performática pelo seu idealizador, Letieres, nota-se a estrutura musical e a performance vinda da memória negra e histórica da Bahia e do Brasil e sua conexão com outras vertentes diaspóricas negras, como a afro-caribenha e o jazz. Portanto, o grupo corresponde a uma união, mediação e atualização de memórias e narrativas culturais negras.

Na formação da Orkestra, os músicos da percussão – que tocam atabaques e outros instrumentos rítmicos – ficam na frente do palco e os músicos de sopro atrás deles. Isso demonstra a intenção conceitual-performática do projeto, trazendo uma reformulação estrutural entre uma orquestra e uma big band jazzística, na qual, desde o século XVIII, as orquestras organizam sua formação praticamente da mesma forma, com instrumentos de corda na frente, seguindo-se dos músicos de sopro e a percussão ao fundo.

A Orkestra Rumpilezz traz, na sua formação estrutural, a percussão dos fundos para a frente do palco. O grupo, que nasceu do resultado das vivências, propósitos conceituais, estéticos e musicais de Letieres Leite, tem, de 2006 até hoje (2024), três discos gravados e lançados – *Letieres Leite & Orkestra Rumpilezz* (2009); *A Saga da Travessia* (2016) – e *Coisas*, em homenagem a Moacir Santos, gravado em 2019 pela Rocinante e lançado em 2022. Já ganharam como Melhor Grupo Instrumental em 2010 e 2023 no Prêmio da Música Brasileira assim como Revelação do Ano de 2010 pela mesma premiação. Também receberam o Prêmio Bravo! 2010 como Melhor CD Popular, além de destaque como Medalha de Ouro pelo Prêmio InterMarketing. Com o disco *A Saga da Travessia*, venceram três categorias no Prêmio da Música Brasileira: Melhor Arranjador, Melhor Álbum Instrumental e Melhor Grupo Instrumental, em 2017.

A Orkestra realizou shows e visitas artísticas com músicos como Caetano Veloso, Gilberto Gil, Lenine e Ed Motta, além de desenvolver projetos que contemplam compositores brasileiros como Dorival Caymmi no "Rumpilezz visita Caymmi", que gerou um DVD homônimo, incluído na lista dos dez melhores álbuns de 2016 pela Associação Paulista de Críticos de Arte (APCA), e Moacir Santos, com o lançamento do disco *Coisas*.

As turnês nos Estados Unidos, na Europa, show no Rock in Rio Brasil (2011), no BMW Jazz Festival (2014) e Rio Montreux Jazz Festival (2020), este último em formato de live por conta da pandemia, mostram o percurso e a notoriedade que o grupo ganhou ao longo dos anos, transitando entre festivais de música e shows com nomes importantes da música popular brasileira e internacional. O grupo já participou de eventos e festivais como Európália (Bélgica), Mors Festival (Moers) e, pelos Estados Unidos, passou por San Jose Jazz Festival (San Jose), Lincoln Center Out of Doors (Nova York), Hollywood ArtsPark Fest (Miami), Philadelphia Jazz Project (Philadelphia), San Francisco Jazz Center – Summer Festival (San Francisco) e Kuumbwa Jazz (Santa Cruz). Assim, o grupo tornou-se conhecido internacionalmente e também já fez apresentações com Joshua Redman (EUA), Arthuro O´Farrill (México) & the Afro Latin Jazz Orchestra (NYC) e Tony Allen (Nigéria). Este último aconteceu em Paris, no Sons D´Hiver, em fevereiro de 2020, último grande concerto antes do falecimento do ícone do afrobeat.

Além da sua big band, todas as experiências acumuladas por Letieres Leite também elaboraram o que hoje conhecemos como o Instituto Rumpilezz e o Universo Percussivo Baiano (UPB), que serão detalhados a seguir.

2.6. O INSTITUTO RUMPILEZZ E O UPB

O Instituto Rumpilezz é uma organização de grupos musicais e de formação educacional criado por Letieres. Seus elementos constitutivos são a Orkestra Rumpilezz, o Letieres Leite Quinteto e a Rumpilezzinho. O Instituto como se configura hoje existe desde 2016, e um dos seus pilares já mencionados é a escola de formação de jovens, a Rumpilezzinho[3] e o seu desmembramento, que é o Coletivo Rumpilezzinho, que faz apresentações públicas. Nesta formação educativo-musical é utilizado e praticado o Universo Percussivo Baiano (UPB), método também criado por Letieres.

O Universo Percussivo Baiano (UPB) é o resultado da pesquisa que Letieres desenvolveu durante anos. Este método busca ensinar a música popular brasileira a partir da consciência de um conceito estrutural ligado às suas matrizes negras, obedecendo suas regras, métodos e conceitos seculares em comum acordo com as bases de aprendizado musical desenvolvidos a partir da tradição de ensino musical europeu. Dessa forma, esse método trata da matéria de transmissão de claves e desenhos rítmicos do universo percussivo baiano para instrumentos e promove uma reflexão sobre a formação da música que veio da diáspora negra da Bahia. Podemos também verificar o UPB na própria performance de Letieres Leite em sua regência na Orkestra Rumpilezz, que será descrita no próximo capítulo. Assim, foi feito aqui um breve resumo do contexto em que me encontro, da músi-

---

3 Destinado a jovens músicos, esse laboratório musical propõe o ensino através do Universo Percussivo Baiano. A pesquisa é um dos braços fortes desse projeto educacional. O Coletivo Rumpilezzinho também realiza shows e visitas artísticas.

ca afro-baiana e afro-brasileira, da música instrumental de Salvador e de Letieres Leite e Orkestra Rumpilezz, para nos situarmos diante desse cenário. Antes de seguir para a análise da performance que constará no próximo capítulo, relatarei o último momento em que estive com Letieres Leite antes do seu falecimento, ocorrido no dia 27 de outubro de 2021.

Trouxe neste livro a minha relação com o maestro e a Orkestra, a minha admiração antes de torná-la um objeto analisado e estudado. Tinha uma relação de trabalho muito próxima e afetiva, além de considerar Letieres como um amigo querido. No dia 30 de setembro de 2021, Letieres me ligou propondo um trabalho de filmagem para o SESC São Paulo, demonstrando seu processo de transmissão musical e a execução de algumas músicas, uma parte com membros da Rumpilezzinho e a outra com o Letieres Leite Quinteto. No dia 5 de outubro gravamos em estúdio e eu estava esperando finalizar a montagem e a transmissão online dos vídeos para falar da entrevista para este trabalho. Até que fomos surpreendidos pelo falecimento de Letieres, decorrente de complicações com a covid-19. Foi muito difícil compreender essa passagem repentina e inesperada desse maestro e amigo de 61 anos que transpirava energia, vitalidade, inventividade e potência de criar e realizar, como eu vi e presenciei no dia 5 de outubro. Nesse momento que estou finalizando esta pesquisa, sinto um aperto no peito de o concluir sem ele estar aqui, ao mesmo passo que me sinto presenteada e honrada por todas as trocas e aprendizados que tive com ele e a Orkestra e por ter feito minha dissertação de mestrado sobre sua obra, sobre parte de seu legado que agora se torna imortal e cada vez mais essencial para a música e para a cultura brasileira.

3. ENTRE ATABAQUES E ALL STARS: ANÁLISE DA PERFORMANCE DE LETIERES LEITE E ORKESTRA RUMPILEZZ

3.1. A PERFORMANCE DE LETIERES LEITE E ORKESTRA RUMPILEZZ

Com os passos metodológicos dessa saga estabelecidos e o contexto histórico delineado, chegamos na travessia, entre atabaques e All Stars, em que analisamos os itens que esta pesquisa entende que são fundamentais para se formular uma trajetória de análises. Essa investigação parte do conceito de performance como episteme, como uma lente metodológica (Taylor, 2013), ou seja, como um caminho epistemológico, um modo de fazer conhecer alguma coisa, além dos atos de transferências vitais, que transmitem memórias e representações; o arquivo e o repertório, entre a escrita e o que é transmitido oralmente por meio de rituais e do corpo, o que também determina o que se torna visível e invisível culturalmente e, por fim, a transculturação, quando elementos se fundem para a criação de um outro elemento intermediador ou novo. O que a performance, de acordo com esses aspectos, nos permite ver sobre o objeto estudado, Letieres Leite e Orkestra Rumpilezz? Neste capítulo final, vamos trazer essa explanação assim como os elementos analisados em cada item desse grupo musical.

A performance como episteme, como um caminho que traz informação e conhecimento, é notada de forma primeira por meio da nomenclatura Rumpilezz, que funde os instrumentos que vem do candomblé, os atabaques Rum, Rumpi e Lé e o "zz" referente ao jazz, que são as bases fundamentais e sonoras da construção estética e política de todo o grupo. Isso demonstra características da cena de música pop que une esses idiomas transculturais, entre o local e o global, ao fundir dois elementos fundamentais de culturas da diáspora forçada de dois países diferentes, o Brasil e os Estados Unidos, para criar sua performance própria entre atabaques e All Stars, que coloca em contato mais uma vez elementos da cultura negra religiosa e um figurino que evoca um pop global, como esses tênis.

Os atos de transferências vitais demonstrados nesse grupo trazem como base fundamental a cultura negra que vem dos terreiros de candomblé, religião que se criou no Brasil a partir de elementos culturais dos negros e negras que vieram forçadamente para o país e foram escravizados. Esta religião foi um dos elementos cruciais de sobrevivência de suas memórias e da manutenção de suas histórias no cotidiano, por intermédio da música, rituais, crenças e danças, e é um fator de resistência até os dias de hoje.

Diante da construção da Orkestra desde o nome; da disposição dos músicos e atabaques na parte da frente; o figurino diferenciado para os percussionistas que são homens negros; os instrumentos do candomblé como os atabaques, caxixi e agogô; as criações musicais que trazem os ritmos tocados nos terreiros como vassi, agueré, entre outros; a própria regência do maestro Letieres Leite, que dançava e utilizava seu corpo para se comunicar com os músicos e com o público, entendendo que é através da corporeidade que se dão os rituais e também a transmissão de conhecimentos nos terreiros; esses elementos demonstram que toda a estrutura física e conceitual do grupo musical vem do candomblé, da música negra, afro-brasileira que, como disse o maestro, é a base de toda a música brasileira. Dessa forma, notamos a transferência de memória, história, identidade e representação visual e musical, que saúda essa ancestralidade ao mesmo passo que recria musicalidades a partir dos ritmos matriciais e mostra uma continuidade desses fundamentos. Também cria uma outra e nova relação musical e corporal entre essa música, uma formação de big band, a proximidade do público e a cena de música pop afro-latina de Salvador.

Esses itens aqui citados também correspondem à transculturação que Diana Taylor (2013) traz, a performance que une os terreiros de candomblé com o jazz, com a colocação, no mesmo grupo, de atabaques, percussionistas, instrumentistas de sopro, uma formação visual e sonora entre o jazz, uma música instrumental sofisticada, com toques das celebrações para os orixás, construindo a transculturação que, segundo Taylor, sugere um padrão de movimento cultural em mudança ou circulação.

Os ritmos do candomblé e suas recriações, a dança e regência corporal de Letieres Leite, a disposição no palco dos atabaques, os percussionistas na frente e no centro, seu figurino formado por terno e sapatos sociais brancos, distinguindo-se dos demais. Esses elementos evidenciam outro aspecto da performance como episteme, como um ato de transferência de conhecimento e também como a fusão transcultural entre tradição e cultura pop. Em épocas anteriores, que remonta às bandas de barbeiros, as vestimentas dos alagbês e filhos de santo que tocavam atabaques dentro dos terreiros eram como os trajes formais usados pelos percussionistas da Orkestra Rumpilezz.

Em entrevista realizada no dia 11 de novembro de 2021 (a entrevista completa está no Anexo I do livro), Gabi Guedes, que faz parte desde o início do grupo, relatou que as pessoas que tocavam os instrumentos nos terreiros se vestiam formalmente para esta função. O músico e filho de santo do Terreiro do Gantois também disse que, nos terreiros, existem os alagbês - que são homens que tem a função de tocar nas celebrações - e os filhos de santo, que podem tocar também os instrumentos, mas não são todos os filhos de santo que podem. Ele, no caso, é um filho de santo que pode tocar atabaques dentro do terreiro do Gantois e, sempre que eu ia nos rituais de lá, Gabi estava tocando e, portanto, achava que ele era um alagbê. Na Orkestra, Gabi Guedes, Luizinho do Jêje e Kainã do Jêje são os músicos do naipe de percussão que vem dos terreiros. A performance de corpos de homens negros colocados na frente dos palcos tocando atabaques e instrumentos de percussão é uma das representações mais notórias do pensamento ideológico-estético e político de Letieres, tornando esses corpos visíveis e em local de destaque. Isso, aliado à fala de apresentação do maestro em relação aos percussionistas como "Doutores da Música na Bahia" nos shows, o figurino formal deles, enfatiza o protagonismo desses homens, da ancestralidade e poder de transmissão de conhecimento desses corpos, desse ofício e de suas origens vindas dos terreiros.

Entre o arquivo e o repertório e a relação de poder e transmissão cultural diferenciada entre essas duas formas de contar histórias na sociedade, trazida por Taylor (2013), notamos que Letieres Leite, depois de anos de vivências e pesquisas, objetivou entrelaçar as duas formas de ensino e aprendizagem da música, entre a escrita e partitura (vindas das academias europeias) e a corporeidade musical e oral (vindas dos terreiros de candomblé). O UPB une essas duas maneiras de passar a educação musical e Letieres via a importância de cada qual no processo de formação como maneiras legítimas de apreender e guardar, como nos arquivos (partituras, livros, álbuns, fonogramas, registros audiovisuais) e no repertório (dança, sentir os toques no corpo, transmissão oral, repetição, rituais diários, escuta). Além disso, na própria regência de Letieres, tanto nos ensaios que presenciei e nas apresentações, o corpo do maestro falava mais alto que sua voz. Os gestos, os passos e a sua intensidade demonstravam tudo que ele queria passar no toque, na velocidade e intenção com que ele queria que os músicos tocassem, individual e/ou coletivamente. A voz do corpo de Letieres, a energia e a alegria com que transmitia a música, tanto nos ensaios quanto nos palcos, demonstra essa sensibilidade que foi criada e transmitida por ele, da sensibilidade afro-brasileira explicitada por Muniz Sodré (2013), quando ele relata sobre a corporeidade que mantém o indivíduo e o coletivo conectado ao espaço sagrado e matricial que são os terreiros. Além da temporalidade específica e única que existe neles, que não é a mesma cronológica da sociedade ocidental, e da alacridade, a alegria, na qual o corpo e os gestos reverberam, passando aquilo que a alma vibra, entre memórias, necessidades e criações.

Ao longo dos quinze anos da Orkestra Rumpilezz, completados em 2021, Letieres tentou introduzir mulheres na percussão, apesar de ser um grupo feito por um homem e de ser formado majoritariamente por homens. Ciente disso e atento à questão de gênero, Letieres introduziu algumas mulheres que vinham da Rumpilezzinho na Orkestra e houve até uma tentativa de um grupo chamado Rumpilezz de Saia, que Gabi Guedes contou na entrevista. Apesar de nenhuma mulher ter ficado fixamente na Orkestra até hoje, essa tentativa do maestro de introduzir mulheres nessa frente, tocando atabaques, rompendo com a tradição nos terreiros de candomblé, onde só tocam homens e trazendo mulheres negras para a frente do seu projeto musical, como foi no show do Rio Vermelho, relatado neste livro, isso quis demonstrar sua atenção sobre a temática das mulheres percussionistas, invisibilizadas ainda mais que os homens e ainda à margem na profissão. Essa performance de mulheres nos atabaques evidencia esse processo de incorporação ainda tímido, porém existente neste grupo, mostrando abertura e introdução delas nesse universo.

Diante disso, desenvolvemos uma análise a partir dos elementos que consideramos mais notórios e que formam o conjunto performático de Letieres Leite e Orkestra Rumpilezz. Para isso, utilizei minhas vivências presenciais e os registros fotográficos e audiovisuais feitos a partir delas, decorrentes do show "Letieres Leite e Orkestra Rumpilezz convida Caetano Veloso", em Salvador (dezembro de 2018); da apresentação no palco do Rio Vermelho no carnaval de Salvador (fevereiro de 2020); e live realizada em outubro de 2020 no Rio Montreux Jazz Festival, no Rio de Janeiro.

3.2. SHOWS E ANÁLISES

O primeiro dia que tive um contato mais próximo com a Orkestra Rumpilezz foi o dia 8 de dezembro de 2018, um sábado, na apresentação do grupo com Caetano Veloso na inauguração do Hotel Fasano, na frente da Praça Castro Alves, Centro de Salvador. Ao solicitar que eu e minha equipe de filmagem fôssemos gravar o show, a produção da Rumpilezz apenas fez uma exigência: que vestíssemos branco, porque assim estava toda a equipe. Eu fiquei surpresa, já que é protocolo universal entre os profissionais que trabalham em shows usarem roupa preta, afinal a cor preta não reflete luz, ou seja, não chama atenção.

A cor branca no candomblé se refere ao Senhor do Branco, Oxalá e também ao Senhor do Bonfim e, em Salvador, toda sexta-feira, seu dia da semana, há uma tradição visível na escolha das roupas tanto para as pessoas de dentro da religião quanto para todos os soteropolitanos de forma geral. Isso transbordou dos terreiros e foi incorporado no cotidiano da cidade, a exemplo de minha mãe, que nunca frequentou um terreiro e toda sexta veste branco. De toda forma, a cor de roupa branca é muito usada no terreiro. Quando há celebrações abertas ao público, indica-se que se use branco, especialmente nos rituais para Oxalá. Esse dia do show não era sexta-feira, mas eu fiquei um tanto chocada com a referida orientação, afinal nunca tinha experienciado isso num trabalho. Pensei: é nesse lugar que eu quero e preciso estar. Não imaginava o que presenciaria adiante. A Orkestra começou a tocar e, em um dado momento, Caetano foi chamado ao palco. Assim começou sua participação com a Orkestra Rumpilezz. As músicas que seriam filmadas eram as que o grupo estaria junto ao cantor, portanto foram elas: "Oração ao Tempo", "Milagres do Povo", "Quando o Ilê Passar" e "Coração Vagabundo", todas do compositor da MPB.

A relação entre a Orkestra e personalidades populares e ilustres da música popular brasileira tem sido recorrente.

Esse diálogo entre a música afro-brasileira, o jazz e a musicalidade criada pela Orkestra com cantores e compositores como Caetano, Gilberto Gil e Lenine, por exemplo, representa uma comunicação, uma mediação entre a música erudita e instrumental com a canção, com o popular, a palavra cantada, e não é qualquer palavra, já que esses ícones representam uma música popular brasileira tropicalista e histórica. Caetano e Gil, por exemplo, são baianos, cantam músicas que contam histórias do povo negro, também do Recôncavo Baiano e do Nordeste. Lenine é pernambucano e também traz músicas que evidenciam a vida e tradições do povo nordestino. Há uma escolha muito assertiva nessas participações e nas músicas cantadas, como "Milagres do Povo" e "Quando o Ilê Passar", para trazer como exemplo este show em questão, músicas que fazem referência à resistência negra, sua força, empoderamento e alegria/alacridade. E, em muitos desses diálogos, era Letieres e a Orkestra que eram convidados.

Imagem 2 – *Letieres Leite e Orkestra Rumpilezz com Caetano Veloso (2018)*.

No show durante o carnaval de Salvador de 2020, Letieres Leite e a Orkestra Rumpilezz se apresentaram no palco instalado no bairro do Rio Vermelho, no dia 21 de fevereiro, e no palco do Largo do Pelourinho, dia 24 de fevereiro. Estive presente nos dois, porém no Pelourinho eu apenas participei como espectadora e vi uma das coisas mais lindas que poderia: um pequeno cortejo dos Filhos de Gandhy passando pelo público na frente do palco em que estava a Rumpilezz. Demonstrando respeito e saudação, o grupo, que estava começando a se ajeitar para tocar, parou, liderado pelo maestro Letieres, o reverenciou e, se não me falha a memória, tocou ijexá junto com os passantes do cortejo. Aquilo me mostrou o diálogo próximo e reverência às tradições e aos blocos afro na prática do carnaval soteropolitano. Eu já sabia que Letieres era um Filho de Gandhy e saía no bloco há muitos anos, mas pude experienciar nessa atitude também.

No Rio Vermelho estava eu e minha câmera, tinha bastante gente na plateia, mas tudo estava tranquilo. A Orkestra começou e quem cantou com eles dessa vez foi Tito Bahiense, um cantor e compositor baiano que já gravou com Jimmy Cliff e Carlinhos Brown. Ele foi backing vocal de Ivete Sangalo na Banda Eva e também é arranjador, produtor musical e ator. Além disso, esse show teve a presença de duas mulheres tocando percussão junto a Gabi Guedes, Géssica Couto e Alana Gabriela Santos, ambas remanescentes da Rumpilezzinho. Isso mostrou uma atualização necessária que Letieres Leite tentou fazer, ainda que timidamente e apenas em alguns shows, de trazer mulheres para o grupo. O público dançava e interagia energicamente com o repertório ora instrumental, ora com canções da música popular baiana.

Por último, o relato da live analisada também para este livro. O apresentador Zeca Camargo anunciou o início do show de Letieres Leite e Orkestra Rumpilezz. A imagem foi para o palco, onde estavam os instrumentos em formato de "U". Homens vestidos de terno e gravata branca entraram tocando agogô, instrumento condutor dos toques nos terreiros de candomblé. Juntamente com os seis percussionistas – Kainã do Jêje, Jorge Wallace Oliveira, Tiago Nunes, Emerson Taquari, Luizinho do Jêje e Gabi Guedes –, entrou o maestro Letieres, tocando também agogô.

Imagem 3 – *Letieres Leite e Orkestra Rumpilezz no carnaval 2020 (Rio Vermelho).*

Em seguida, três dos homens começaram a tocar os atabaques – o Rum, Rumpi e o Lé – os respectivos instrumentos que dão origem ao nome do grupo. Começou assim o show/live da Orkestra Rumpilezz no Rio Montreux Jazz Festival, no dia 24 de outubro de 2020, no Rio de Janeiro. O Rio Montreux Jazz Festival é um evento que procura fomentar a democratização do jazz e da música instrumental e sua segunda edição foi realizada entre os dias 23 e 25 de outubro. A primeira edição do festival aconteceu na Suíça. Em 2020, realizou-se em formato de live, transmitida gratuitamente pela internet. O festival teve a participação de artistas nacionais como Milton Nascimento, João Donato, Yamandu Costa e diversos grupos instrumentais brasileiros, dentre eles a Orkestra Rumpilezz, além de nomes internacionais do jazz e da world music, como Macy Gray, Christian Scott e o coral Sing Harlem, dentre outros.

Estava em minha casa, me preparei para assistir e me comuniquei por WhatsApp com outras amigas e amigos. Nesse contexto pandêmico e de isolamento, interagi com o show e com os amigos de forma online, através de telas de computador e celular. Com câmeras bem direcionadas, dinâmica de imagens e de edição que nos faziam degustar do show de maneira próxima e ao mesmo tempo em plongée (de cima para baixo), como se mergulhássemos no palco e nos músicos, a live trouxe a interação enérgica, suave, movida pela tradição e roupagem pop da Orkestra. A participação em um festival de jazz conhecido no Brasil e no mundo mostra também esse lugar ocupado pelo grupo, um local de relevância na música instrumental, cosmopolita e que caminha entre o erudito e popular. Lembro que um dos momentos mais marcantes para mim foi quando tocaram o tema "Taboão", uma música que já começa com a força sonora dos sopros e atabaques, como se chamasse para prestar atenção e depois, com sua sonoridade crescente e seus solos, traz uma presença dançante, evocando o samba e um rebolado, além de transbordar uma energia de explosão do carnaval de rua. Assim, eu comecei a dançar energicamente e pular pelo quarto, como se estivesse no show presencial. A força e alegria daquela música me tomou completamente. A outra ocasião foi quando os músicos se levantaram e cantaram como um mantra "É Nanã", único momento em que houve algo cantado nessa apresentação.

Imagem 4 – *Letieres Leite e Orkestra Rumpilezz na live do Rio Montreux Jazz Festival (2020).*

Assim, dadas essas descrições, e como os shows da Orkestra trazem uma narrativa semelhante em relação à construção do repertório, estrutura no palco e condução do maestro, descrevo a seguir as análises feitas a partir dos elementos que informam e transmitem conhecimentos estéticos, políticos e culturais da Orkestra Rumpilezz, assinalando a performance como episteme, os atos de transferência, as evidências entre arquivo e repertório e a transculturação, como detalhados anteriormente e formulados por Taylor (2013). São eles: nomenclatura; corporeidade espacial e sonora do grupo; figurino; elementos vindos dos terreiros; repertório e criações; a dança e regência do maestro Letieres Leite; interações com o público e mulheres na percussão. Além disso, também fica evidente a sensibilidade afro-brasileira construída a partir da Arkhé nagô (Sodré, 2017), segundo a qual o sentir está na corporeidade adquirida na cosmologia vinda dos terreiros de candomblé, como veremos adiante.

3.2.1. NOMENCLATURA

Letieres Leite & Orkestra Rumpilezz. O grupo musical traz na sua nomenclatura o nome do seu maestro e idealizador, Letieres Leite, mostrando o padrão estabelecido comumente para este tipo de conjunto musical, na qual é colocado o nome do regente e em seguida o da referida orquestra, obedecendo assim às regras ocidentais para esse tipo de construção.

Orkestra com "k". A escolha dessa palavra de origem grega, assim como Arkhé (Sodré, 2017), evidencia o caráter originário dos elementos, tais quais como conhecemos hoje. Porém, sabemos que eles vêm da Grécia Antiga, berço da cultura ocidental e que se construiu a partir da dominação e colonização de outros povos, estabelecendo assim sua hegemonia pelo mundo. Ao trazer esta forma de escrita, denota-se um sentido de origem, de ponto iniciático, de surgimento, de primeiros passos. Essa palavra escrita dessa forma juntamente com a Rumpilezz, na qual o Rum, Rumpi e Lé são os atabaques condutores da musicalidade dos ritos e celebrações dos terreiros de candomblé, acrescidos ao "zz" do jazz, gênero musical afro-norte-americano, demonstra a interseção sonora e estética que traz o grupo. No logotipo oficial (imagem 5) estão em negrito as palavras *Letieres* e *Rumpilezz*, o que evidencia o nome do maestro e criador do projeto e o nome-conceito-chave dele.

Essa união entre uma palavra de origem grega mais os instrumentos do candomblé e a referência ao jazz abre as portas para compreender a aproximação e fusão desses elementos para a composição estética, política e artística do grupo. Isso faz com que convivam e se aproximem o local e o global, a origem e a resistência histórica e cultural, a tradição e modernidade, o regional, o cosmopolita e o pop. Ao mesmo tempo que se utilizam dessas ferramentas que entrelaçam a origem ocidental (grega) e a resistência histórico-cultural (afro-brasileira e afro-norte-americana), assim como a terminologia de Arkhé nagô, eles não deixam de referenciar essa estrutura originária ocidental dentro de suas perspectivas centrais e conceituais afro-brasileiras. Ora isso me provoca uma compreensão entre esses dois universos que precisaram e precisam conviver, ora demonstram estranhamento, já que são projetos/ideologias que buscam atualizar e ultrapassar essas formas condicionantes de pensamento e perspectiva histórica. Segundo a entrevista de Gabi Guedes (Anexo I), a Orkestra com "k" pode ter surgido da criação e licença poética do maestro e também de sua origem árabe.

Imagem 5 – *Logotipo de Letieres Leite e Orkestra Rumpilezz.*

3.2.2. CORPOREIDADE ESPACIAL E SONORA DO GRUPO

A estrutura dos músicos da Orkestra Rumpilezz no palco obedece à seguinte construção espacial: os instrumentistas formam dois semicírculos, ou seja, ficam em formato de "U" ou ferradura. No primeiro semicírculo, ficam os percussionistas da orquestra. Geralmente os atabaques ficam do lado direito (se a pessoa estiver olhando de frente para o palco). Em torno deles, ficam os demais músicos de sopro: dois de cada lado do palco e mais próximo do público, e os outros em estruturas como se fossem arquibancadas, em locais mais altos e atrás dos percussionistas que estão no chão do palco. Frequentemente entravam primeiro os percussionistas e o maestro, tocando agogô, como se abrissem alas e fossem os primeiros e mais importantes membros que chegavam para aquela ocasião, como aconteceu no Rio Montreux Jazz Festival. Em seguida, três desses músicos começam a tocar os atabaques Rum, Rumpi e o Lé, e assim a apresentação é iniciada. Após isso, entram em cena os demais instrumentistas de sopro.

Desse modo, podemos notar a importância dada aos percussionistas e aos atabaques no projeto, como se estivessem em um terreiro, onde os toques do agogô e atabaques iniciam muitas das celebrações e são os responsáveis por invocar os orixás para a incorporação. Os percussionistas e os instrumentos afro-brasileiros chegam primeiro e são os responsáveis pela comunicação e dimensão estética, artística e política desse grupo, no qual homens negros são os elementos centrais tanto visualmente quanto na transmissão de conhecimento através de seus toques. Portanto, tanto corporalmente quanto através do som, os percussionistas e os atabaques iniciam e dão a base para todo o grupo musical.

Imagem 6 – *Letieres Leite e Orkestra Rumpilezz na live do Rio Montreux Jazz Festival (2020).*

3.2.3. FIGURINO

Os percussionistas vestem terno, gravata, calça e sapato social – tudo branco –, roupa de gala, formal, chique, vestuário usado para ocasiões de celebrações da elite, dos que detêm poder. As mulheres percussionistas que participaram do show no Rio Vermelho também estavam vestidas de maneira formal e de branco, uma com macacão até o pé e a outra de terninho e saia, além do seu turbante na cabeça. Isso demonstra a dimensão estética e política que Letieres Leite objetivou dar aos percussionistas, aos homens e mulheres negras – quando estas participam –, compreendendo sua posição histórica e subalterna, relegados a locais de pouca visibilidade, à cozinha, à histórica senzala brasileira. Desse modo, ele informava que essas pessoas eram e são os personagens célebres, principais, a "alta patente" daquele grupo. Esse figurino de gala faz um jogo semiótico entre as roupas sujas, rasgadas e pobres que supostamente um dia se associaram aos negros escravizados e também à classe social que não detém poder aquisitivo, condição social e política a qual a maioria das pessoas de cor de pele negra estão submetidas no Brasil.

Imagem 7 – *Gabi Guedes com a Orkestra Rumpilezz no carnaval 2020 (Rio Vermelho).*

    Os músicos de sopro usam outros tipos de vestimentas, mais despojadas, e elas variam de acordo com o show: na apresentação com Caetano, eles usaram blusas de manga longa de diferentes cores: verde, azuis, vermelhas e brancas, a depender do naipe do sopro, e calçaram os tênis All Star; no show do carnaval no Rio Vermelho, usaram blusas do formato T-Shirt, bermudas brancas e sandálias de dedo estilo Havaianas. Já na live do Rio Montreux, alguns vestiram blusas sem mangas, outros blusas com apenas uma manga transparente, calças despojadas, de cor cinza/prateado e sandálias tipo alpercatas. Visualmente esses trajes provocam nítida distinção, tanto pelo tipo de traje – social *versus* despojado – quanto pelas cores, na qual os músicos da percussão sempre estão com esses tipos de traje na cor branca.

Imagem 8 – *João Teoria com a Orkestra Rumpilezz no carnaval 2020 (Rio Vermelho).*

A cor é também mais um elemento de distinção e conexão com o candomblé, já que as roupas brancas são na maioria das vezes utilizadas tanto pelos adeptos das cerimônias quanto pelos que apenas participam delas. Esta cor pertence também ao orixá Oxalá. Além deles, o maestro usava geralmente blusa branca social ou estilo bata indiana e calça, ou seja, ele também ficava mais despojado que os percussionistas que usavam terno. No caso do show com Caetano, assim como os músicos de sopro, o maestro também estava de All Star.

Imagem 9 – *Letieres Leite e Orkestra Rumpilezz no show com Caetano Veloso (2018).*

Destaco aqui os calçados dos músicos do grupo, uma vez que trago esse elemento no título do projeto de mestrado e no relato inicial. Os percussionistas sempre usavam sapatos sociais brancos. Os músicos de sopro e o maestro variavam em cada apresentação; os músicos calçavam sandálias, alpercatas ou tênis All Star; o maestro, All Star e sapatos sociais. Relembramos aqui também que esses tênis trazem consigo uma cultura pop, jovem e cosmopolita incorporada.

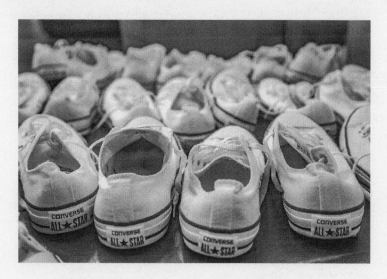

Imagem 10 – *Tênis All Star dos músicos de sopro da Orkestra Rumpilezz.*

Essa utilização de calçados e essa diferença entre eles me lembrou algumas cenas do filme *A voz suprema do blues* (Ma Rainey's Black Bottom, 2020), obra baseada na peça de August Wilson e que tem a direção de George C. Wolfe, filme protagonizado por Viola Davis e Chadwick Boseman. Em uma das cenas, o personagem Levee, de Chadwick, chega atrasado ao ensaio do grupo porque estava comprando os seus calçados novos e, durante todo o filme, ele demonstra preocupação com eles e tem os seus sapatos amarelos e lustrosos como um item de superioridade entre seus colegas. Esse símbolo do sapato é tão marcante na obra que o personagem de Chadwick acaba matando um outro músico com o estopim dele ter pisado nos seus calçados, mas que, evidentemente, traz muito mais que isso para esta motivação. Essa correspondência foi estabelecida porque os calçados me chamaram atenção desde o princípio e demonstram mais um elemento estético diferenciado entre os músicos e seus papéis de destaque no grupo analisado, além do seu caráter pop.

Por fim, todos os instrumentistas de sopro e, inclusive, o maestro Letieres, abriam e abrem alas e janelas visuais para a sala de estar, onde estão os percussionistas em posição de destaque, tanto na posição física do palco, quanto no figurino e também na rítmica musical do grupo.

3.2.4. ELEMENTOS VINDOS DOS TERREIROS

Aqui é fundamental estabelecer um paralelo entre a representação dos percussionistas com os elementos simbólicos da musicalidade e espiritualidade dos terreiros, como o agogô, caxixi, atabaques e os filhos de santo que tocam atabaques, que formam o naipe de percussão da Orkestra. Os filhos de santo autorizados a tocar atabaques dentro dos terreiros e os alagbês são os homens responsáveis por tocar os instrumentos no candomblé – é a música, o ritmo específico de cada orixá que os "chama" para o processo de incorporação. Essa é uma função essencial nesta religião.

Dessa maneira, os alagbês e os filhos de santo, ou seja, os feitos no candomblé, levam seus ensinamentos religiosos para a música brasileira e os incorporam no seu fazer musical enquanto músicos profissionais, a exemplo de Gabi Guedes. Ao incorporar músicos e pessoas que vivenciam o candomblé desde pequenos, como é o caso de Guedes, no eixo do naipe de percussão da Orkestra Rumpilezz, Letieres Leite disse muito sobre as intenções político-estéticas. Uma delas são os homens negros colocados à frente de uma orquestra e a representação de que saíram dos fundos – historicamente colocados na cozinha ou funções subalternas – para a sala de estar, para um local de destaque e protagonismo, como já discorremos acima. Outro ponto é a disseminação dos conhecimentos de pessoas do candomblé que vivem a prática litúrgica dos terreiros e a levam para dentro da construção rítmica da Orkestra e, ainda, a incorporação dos instrumentos tradicionais e religiosos na frente, compondo a "cara" do grupo.

Mais um ponto para ser destacado é a transferência dos músicos percussionistas, colocados "naturalmente" atrás ou em posições invisibilizadas para um local de destaque e, mais uma vez, protagonismo: é através do som dos seus atabaques e instrumentos percussivos que a Orkestra Rumpilezz inicia sua apresentação e diz que o que vem primeiro ali é a percussão, os percussionistas, as tradições e memórias vindas dos negros e negras dos terreiros de candomblé e em seguida, dos membros sobreviventes da diáspora africana no mundo. Outra ação notada é quando os músicos da Orkestra cantaram "É Nanã, é Nanã", no show do Rio Montreux Jazz Festival. Essas são as únicas palavras cantadas durante toda a apresentação. Elas são da canção "Nanã", de Moacir Santos, tocada pela Orkestra e por si já diz muita coisa: Nanã é a orixá detentora da sabedoria ancestral, é a avó dos orixás, a que criou, junto a Oxalá, os seres humanos do barro. É encontrada nos pântanos e mangues, na mistura da água com a terra que origina a lama, segundo a mitologia dos orixás, é a orixá dona da minha cabeça e essas sabedorias eu aprendi, sobretudo, através da oralidade com pessoas de terreiro.

Por último, o maestro apresentava nos shows alguns instrumentistas de sopro na primeira parte e deixava o restante do sopro e os percussionistas para o final. Letieres, antes de falar os respectivos nomes dos músicos da percussão, dizia: "Os Doutores da Música na Bahia" e utilizava a palavra "mestre" antes de anunciar Gabi Guedes. Esta fala pode ser vista após a apresentação do tema "Taboão" no Rio Montreux Jazz Festival. Isso confirma o que foi trazido anteriormente: o local de destaque, de colocar a percussão e os percussionistas como os maiores detentores do poder, do conhecimento ali, ao utilizar a palavra "Doutores" – que inclusive, a gente subentende que é com letra maiúscula, diante da ênfase trazida pelo maestro – comumente utilizada para as altas instâncias do poder acadêmico e/ou profissional. Letieres quis romper com tudo isso e deixava claro que a "alta patente" ali era formada por eles, percussionistas e filhos dos terreiros.

Imagem 11 – *Letieres Leite e Orkestra Rumpilezz no Carnaval de Salvador, Rio Vermelho (2020).*

3.2.5. REPERTÓRIO E CRIAÇÕES

A escolha do repertório dos shows dependia do tipo do evento, do local e se haveria convidado, mas, de uma forma geral, notei que alguns temas tocados como "Floresta Azul", "Honra ao rei", "Adupé Fafá" e "Taboão", todas de autoria de Letieres Leite, são frequentemente encontradas nesses shows. Outras são músicas que também compõem o repertório do grupo, mas que são homenagens a compositores, como "Noite de Temporal", de Dorival Caymmi, e "Nanã", de Moacir Santos, para trazer exemplos que foram tocados nos eventos aqui analisados. No show com Caetano, as canções feitas com o cantor foram "Milagres do Povo", "Quando o Ilê Passar", "Oração ao Tempo" e "Coração Vagabundo". Essas canções provavelmente foram escolhidas pelo maestro e pelo compositor e trazem, sobretudo as duas primeiras, letras que mostram força e empoderamento em relação à negritude – inclusive, o bloco Ilê Aiyê, juntamente com o Olodum, são as duas grandes referências de blocos afro que Letieres se baseou para a criação da Rumpilezz.

Nas apresentações do carnaval de Salvador, o repertório trouxe as criações instrumentais autorais de Letieres, como "Taboão" e "O samba nasceu na Bahia", assim como músicas que estão no imaginário afetivo do carnaval da cidade, como "Ilê Aiyê" (Gilberto Gil) e "Taiane" (Osmar Macêdo). Com Tito Bahiense nos vocais, outras músicas também foram apresentadas, como "Lucro", do BaianaSystem, "Aqui e agora" e "Baba Alapalá", de Gilberto Gil, "Milagres do povo", de Caetano Veloso, "Lucy In The Sky With Diamonds", dos Beatles, entre outras, mostrando sua interação entre o local, cosmopolita e o pop soteropolitano. Esse diálogo entre canções e temas instrumentais faz a Orkestra aproximar o erudito com o popular e a torna mais próxima do público, uma vez que o grupo traz canções que estão na memória afetiva das pessoas, como as músicas de Caetano e Gil e as tradicionais da música instrumental do carnaval de trio elétrico de Salvador, como "Taiane". Essa mescla de temas próprios com canções que já estão no imaginário do público, além da força sonora percussiva baiana, reverbera em movimentos que levam o corpo a dançar intuitivamente e isso conecta e aproxima imediatamente as pessoas àquele repertório, àquele grupo.

As músicas autorais da Orkestra Rumpilezz foram criadas por Letieres Leite ao longo de sua trajetória. O maestro, em uma reunião de trabalho que tivemos no primeiro semestre de 2021, perguntou à equipe quem sabia quantos por cento dos ritmos tradicionais dos terreiros estavam na íntegra em suas composições. Alguns responderam que 100% – eu fui uma dessas inocentes, inclusive. Me recordo que ele respondeu que era menos de 50%. A maioria das criações musicais da Orkestra foi feita a partir dos ritmos afro-brasileiros, ou seja, são invenções criativas a partir de suas claves. A clave, por sua vez, é a parte mínima que conduz um ritmo. Assim, nessas referidas criações, pega-se as claves matriciais de algum ritmo e a "quebra", podendo dividi-las em partes variadas e, dessa forma, há algumas possibilidades de construções sonoras a partir delas. Portanto, as músicas de Letieres são atualizações e novas criações de musicalidades.

3.2.6. A DANÇA E REGÊNCIA DO MAESTRO LETIERES LEITE

Já foi dito neste livro que Letieres era conhecido como o maestro que dança. Sua corporeidade era mais um elemento essencial para se compreender a estrutura conceitual e estética do grupo. Ele utilizava frequentemente os instrumentos percussivos agogô e caxixi para tocar e reger os músicos. Com esses instrumentos e com os movimentos de seu corpo, os passos dados para lá e para cá, a dança com os braços na frente do corpo – como fazem as mulheres nos terreiros – fica evidente que esta materialidade, vinda desses movimentos, atrelada à regência dos músicos e à interação com o público, traz a conexão entre a tradição corporal dos terreiros e a sensibilidade afro-brasileira formulada por Muniz Sodré em seu pensamento nagô (2017). Essa corporeidade vivida nos terreiros é o que dá a sentir e transmitir.

Imagem 12 – *Letieres Leite e Orkestra Rumpilezz com Caetano Veloso (2018).*

Esse caráter corporal veio também da formação educacional desenvolvida por Letieres Leite no Universo Percussivo Baiano (UPB), já descrito neste livro, em que há a fusão entre uma forma de transmissão de conhecimentos através da oralidade, gestualidade e dança com a escrita e leitura de partituras, que

Letieres também difundia tanto na Orkestra Rumpilezz quanto no Coletivo Rumpilezzinho.

Letieres, com sua carreira formada a partir de uma academia europeia, passando pelos trios elétricos e axé music, também trazia em si uma característica que vai além do regente, do maestro, para o mediador e comunicador que intermediava o grupo, os conhecimentos e o público. Era ele quem apresentava os músicos, quem dava as "honras da casa", quem se despedia, quem olhava para o público e quem também dançava para eles e com eles, como se os convidasse – corporalmente – a dançar também. E assim eles dançavam juntos e a Orkestra ficava, através de Letieres, mais próxima do público.

Imagem 13 – *Letieres Leite com a Orkestra Rumpilezz no carnaval 2020 (Rio Vermelho).*

3.2.7. INTERAÇÕES COM O PÚBLICO

Como exposto no tópico anterior, a interação com o público se dava por meio da corporeidade, da dança, da fala de Letieres Leite, mas não apenas dela. As canções escolhidas que pertencem à memória afetiva – quando havia algum cantor convidado –, as danças que os instrumentistas de sopro também faziam a cada nota, dançando de um lado para o outro, também são ferramentas visuais e corporais que servem como um espelho para o público. Acredito que tanto a imagem quanto os toques dos atabaques provocam uma representação e identificação imediata nas pessoas. Os percussionistas, os "donos do ritmo", estão na frente e isso também aproxima e faz o público interagir com o grupo por meio dessa relação visual e sonora vinda dos terreiros e da música percussiva baiana como um todo.

Nos shows que presenciei da Orkestra, a recepção do público foi bem calorosa e próxima, as pessoas dançavam, interagiam com o maestro, aplaudiam, tanto nas canções quanto nos temas instrumentais. Nos shows como o do carnaval, as pessoas dançavam e curtiam devidamente como foliões no carnaval da cidade. Essa é uma marca importante que vejo nessa dinâmica da Orkestra com seu público em geral.

Além disso, eles estão presentes em redes sociais como Instagram, Youtube e Facebook, o que permite a interação do público de forma online, característica também da cultura pop, universo onde não há mais tantos intermediários quanto outrora, e o grupo se comunica diretamente por meio das postagens. As interações nas plataformas online são expressivas, especialmente no Instagram, onde, na página oficial do Instituto Rumpilezz, há mais de 38 mil seguidores.

Imagem 14 – *Público no show da Orkestra Rumpilezz no carnaval 2020 (Rio Vermelho).*

3.2.8. MULHERES NA PERCUSSÃO

É notório que o grupo foi criado para homens tocarem. Nesse momento em que as portas mentais e estruturais começaram a se abrir em relação à classe, gênero e etnia, Letieres Leite, o idealizador de tudo, já se atentava sobre isso há anos e começou a colocar em algumas apresentações alunos e alunas da Rumpilezzinho, como aconteceu no show do Rio Vermelho durante o carnaval de Salvador. Nessa apresentação, houve a participação de duas mulheres, como já citado anteriormente, Alana e Géssica, na percussão, e mais outros dois jovens garotos na guitarra baiana. Elas tocaram atabaques com Gabi Guedes. Apesar dessa participação de mulheres ainda ser tímida, em relação à quantidade de shows que a Orkestra fazia, ela já começou a acontecer, demonstrando que o maestro estava atento a essa exclusão feminina patriarcal que foi e é historicamente imposta para as mulheres.

Sabemos que nos terreiros de candomblé só homens tocam atabaques nas celebrações até os dias de hoje. Claro que há todo um contexto de tradição histórica presente para essa função. Atualmente também temos a possibilidade de tensionarmos e questionarmos tudo que é majoritariamente masculino e impede as mulheres de atuarem. Respeitando as tradições que vem desde a criação do candomblé no Brasil, em meados do século XIX (Prandi, 2000), é também fundamental que estejamos atentas e atentos sobre isso, já que notamos o caráter patriarcal que marca a exclusão das mulheres em diferentes frentes de ação, especialmente na música.

Essa reparação ainda não é constante no grupo, tendo em vista que nesses três shows, apenas um teve a presença de mulheres. Marcadamente entendido também como uma festa popular e massiva e mais despojada que os outros eventos aqui analisados – evidenciamos que estamos falando especificamente desses três shows –, o que teve a presença de mulheres foi o mais despojado dentre eles e também o mais massivo, ao passo que foi também o evento mais próximo e aberto do público geral, já que foi gratuito durante o carnaval de Salvador. Assim, observamos a presença ainda tímida das mulheres na Orkestra Rumpilezz, mas já existente nesse momento de atuação, na qual o grupo fez quinze anos de existência em 2021, o que representa também uma mudança nessas estruturas entre gênero e música, um local ainda dominado massivamente pela presença masculina entre os profissionais em todos os campos relacionados a ela: técnica, instrumentistas, compositores etc.

Imagem 15 – Alana Gabriela Santos, Géssica Couto e Gabi Guedes no show da Orkestra Rumpilezz no carnaval 2020 (Rio Vermelho).

CONSIDERAÇÕES FINAIS

Candomblé, música afro-brasileira, protagonismo negro, percussão. Com este projeto, busquei investigar como se dá a performance de Letieres Leite e Orkestra Rumpilezz e a construção de uma sensibilidade afro-brasileira. A performance como episteme, os atos de transferência vitais, o arquivo e o repertório, a transculturação, conceitos formulados pela autora mexicana Diana Taylor (2013), aliados à construção da sensibilidade afro-brasileira, a partir do *Pensar Nagô*, de Muniz Sodré (2017), são os elementos constitutivos deste livro e que saltam na frente – assim como a percussão da Orkestra Rumpilezz chega na frente para o público – quando analisamos de que forma a performance de Letieres Leite e Orkestra Rumpilezz transmite conhecimento e memória, constrói representações e narrativa estética, política e artística, além de fazer emergir uma sensibilidade afro-brasileira. Essa conjuntura teórico-conceitual juntamente com a noção da cena de música pop de Salvador, trazidas por Argôlo e Gumes (2020), com minhas vivências presenciais e afetivas, contribuíram para o desenvolvimento desta pesquisa, entrelaçando música e comunicação.

O conjunto de criações e posicionamentos desse grupo – a música afro-brasileira como base; a disposição dos percussionistas e atabaques na frente; o maestro que regia com sua dança, agogô e caxixi; trajes de gala para os percussionistas e outros mais despojados para os instrumentistas de sopro; o protagonismo da percussão, dos homens negros e de terreiro como "Doutores da Música", além da forma acessível e próxima de interagir com o público, operam quebras de padrões eurocentrados e colocam Letieres Leite e Orkestra Rumpilezz em um local de interseção entre o erudito, o popular e o pop, provocando atração e inovação.

A performance da Orkestra Rumpilezz diz, sobretudo, que os corpos dos homens negros e sua musicalidade vinda dos terreiros de candomblé são a base da música brasileira e está tendo seu devido lugar e espaço de visibilidade e relevância na Orkestra, com os trajes de gala e seus atabaques em primeiro plano. A performance como episteme, como um modo de se fazer conhecer, demonstra os atos de transferência de memória, ancestralidade, reverência ao repertório, ou seja, aos grupos sociais e culturais que não se mantiveram através do arquivo (palavra escrita), mas sim dos seus rituais e oralidade passadas de geração em geração, como os terreiros de candomblé, representados nesse grupo pelos atabaques, instrumentos como agogô e caxixi, nos percussionistas, nos homens negros na frente do palco e na própria musicalidade afro-brasileira.

Essa transmissão de conhecimentos (atos de transferência) e repertório trazido pela Orkestra Rumpilezz também mostra a reivindicação do protagonismo negro, já que historicamente a população negra foi colocada em condições subalternizadas e pertencentes ao último lugar. Na Orkestra, eles estão com a roupa mais formal, como, em tempos anteriores, se vestiam os alagbês dentro dos terreiros. Isso, aliado à entrada deles primeiro nas apresentações, o local que ocupam no grupo e a fala de Letieres apresentando-os como os "Doutores da Música na Bahia", evidencia essa reivindicação histórica e a transmissão de memórias e conhecimentos que vêm deles, demonstrando assim a performance por meio desses atos de transferências vitais.

A transculturalidade também abordada como um item performático neste livro é notada pela fusão de duas vertentes culturais da diáspora forçada do Brasil e Estados Unidos, a música afro-brasileira e o jazz, que se fundiram na Orkestra desde sua nomenclatura até a sua formação estrutural e sonora, com os atabaques, a formação de big band e os instrumentistas de sopro. Essa fusão criada por Letieres Leite e, sobretudo, a colocação dos atabaques e percussionistas na frente, mostra o pioneirismo do grupo e seu local de destaque estrutural e sonoro.

Utilizando-se do que foi convencionalmente constituído como erudito ou padrão normativo (uma orquestra) para subverter paradigmas e criar a sua própria forma de diálogo, assim como a formulação e atualização de uma sensibilidade afro-brasileira diante da cena da música pop de Salvador, Letieres Leite e sua Orkestra Rumpilezz colocam os corpos de homens negros, percussionistas, vindos dos terreiros, para o centro da visibilidade e debates. Uma vez que a música afro-brasileira é base da música brasileira, frase falada inúmeras vezes pelo maestro, com os atabaques e esses homens na frente da Orkestra, este grupo coloca em lugar de destaque e reivindica a importância e visibilidade desses corpos culturais para dizer que o local deles sempre foi ali, apesar da construção colonizadora vigente até os dias de hoje.

A partir disso e fazendo uma ponte com o pensamento nagô de Muniz Sodré (2017), segundo o qual o conhecimento e o sentir são transmitidos pelo corpo, sabedorias estas oriundas dos terreiros, que são espaços sagrados que remontam à ancestralidade africana, a performance vinda dessa transmissão de informações e memórias, como metodologia para passar os conhecimentos da Orkestra e seu caráter transcultural, contribui para uma melhor compreensão da sensibilidade afro-brasileira e fortalece tanto a parte desses conhecimentos, da razão, quanto a sensível, do campo do sentir, e nos faz perceber que a história, música, espiritualidade, religiosidade, luta e resistência dos terreiros e da negritude faz esse projeto musical pertencer a esse espaço sagrado também.

A colocação do corpo e o sentir afro-brasileiro está na frente, sem filtros e negociações. Essa corporeidade é o fundamento, ao mesmo tempo que atualiza esse contexto ao unir-se com o jazz e a história de resistência negra norte-americana. Ou seja, a sensibilidade afro-brasileira é corporal, vem da conjuntura ancestral dos terreiros de candomblé; é notada também pela alacridade no gestual (o maestro que dança) e na forma de interação com o público, aproximando-o através da união e o "dar as mãos" a outros elementos histórico-culturais que dialogam com a cultura afro-brasileira e com a resistência do povo negro. Assim, a sensibilidade afro-brasileira reverbera a partir disso e torna a mistura transcultural mais próxima e acessível às pessoas, imersa no diálogo pop dos novos tempos à medida que reverencia a ancestralidade, os povos de origem negra e demarca a resistência deles até os dias atuais, fazendo parte da nossa cultura e música.

Como Diana Taylor proferiu no GP "Estéticas, Políticas do Corpo e Gênero" na II *Jornada Entre Estética e Política: corpo, performances e fabulações*, da Intercom, realizada no dia 26 de março de 2021 de forma online, a "gestualidade é um ato de comunicação". Dessa forma, toda essa rede de escolhas, símbolos e direcionamentos que querem comunicar algo torna o campo da comunicação surpreendente, rico e com milhões de possibilidades de análises e interpretações. E, portanto, esta pesquisa não pretende se esgotar aqui. Tanto as interpretações quanto os autores utilizados podem dar margem a outras análises, assim como outros autores e corpo teórico também podem suscitar outros pensamentos e provocações dentro desse universo.

Ao optar por essa análise para o livro, pude entrelaçar e unir segmentos multidisciplinares e analisar um objeto contemporâneo que está em ascendente conhecimento nacional e internacional, fomentando e fortalecendo esses eixos de pesquisas e práticas contemporâneas, sendo o objeto estudado uma ponte entre espaços sagrados (terreiros), a cena de música pop de Salvador, a transculturalidade e, assim, criando e recriando novas formas de mesclar sonoridades e saberes locais e globais.

Portanto, a conexão entre os conceitos de performance e sensibilidade se tornou essencial para que eu analisasse e compreendesse os impactos dessa performance na construção da sensibilidade afro-brasileira aqui proposta, me colocando enquanto ser espectador a princípio e, depois, como pesquisadora-observadora-participante.

O local ocupado pela Orkestra Rumpilezz, entre atabaques e All Stars, na cena da música pop ativista de Salvador (Gumes e Argôlo, 2020) é demonstrado na reinvenção e atualização das tradições de matrizes africanas perpetuadas pelo candomblé, unido ao que é transcultural; na territorialidade do centro da cidade, no Pelourinho mais especificamente, onde o Instituto Rumpilezz se localizou; na presença nas redes sociais, plataformas de streaming, na mídia nacional e local com frequência; no próprio nome "Rumpilezz"; no uso do smoking, sapatos sociais e All Stars pelos músicos; na dança e interação do maestro Letieres com o público.

A Orkestra Rumpilezz tem sido um marco na inovação da música instrumental baiana, brasileira e mundial na contemporaneidade por sua subversão estrutural, trazendo os percussionistas para a frente da orquestra e os colocando em trajes de gala; pelos seus arranjos sofisticados e atualizações criativas feitas a partir dos ritmos afro-brasileiros; pela visibilidade popular e premiações somadas ao longo dos seus dezessete anos de trajetória tanto no Brasil quanto no exterior, entre outros fatores. Pesquisar sua performance contribui para a compreensão do legado histórico baiano e brasileiro atualizado e reconstruído criativa e artisticamente, além da sua reivindicação política negra. E é por isso que este projeto foi proposto.

Já a escolha de imagens fotográficas e audiovisuais para contribuir nesta análise foi ocasionada pela pandemia do covid-19 no momento de execução deste projeto. Assim, selecionei o primeiro show que participei filmando e fotografando, o "Letieres Leite e Orkestra Rumpilezz convida Caetano Veloso" (2018), o qual relato na introdução deste livro, e os mais recentes em que presenciei (carnaval de 2020), assim como a live da Orkestra Rumpilezz no Rio Montreux Jazz Festival, que aconteceu no dia 24 de outubro de 2020. Essas escolhas foram para mostrar também diferentes frentes de atuação – a Orkestra com um artista da Música Popular Brasileira; numa festa popular massiva, o carnaval e uma live em um festival de jazz, o Rio Montreux Jazz Festival. Portanto, além da experiência participante em shows, que foram revisitados por meio de vídeos e fotografias, utilizei também o recurso da live feita pelo grupo.

Dessa forma, este livro apresentou os estudos da performance, a partir de conceitos desenvolvidos pela pesquisadora Diana Taylor (2013), para fomentar esses estudos no campo da comunicação, demonstrando que itens performáticos como atos de transferência vital, repertório e transculturalidade contribuem para análises de objetos e grupos atuantes na contemporaneidade e entrelaça a música e a comunicação, promovendo análises que ratificam a transmissão de conhecimentos e memórias. A escrita como um ato performático e a própria performance como episteme, como um caminho que dá a conhecer estruturas e objetos de estudo, também demonstram um entrelace entre vivências, percepções subjetivas e do campo do sentir, para fortalecer a presença do olhar e afetividade de quem analisa e de quem interage com a pesquisa, numa perspectiva de união e envolvimento, sem descredibilizar as análises propostas, mas, sobretudo, para trazer a presença de quem experienciou cada detalhe, foi afetada por eles, pensou, questionou, interagiu, percebeu, pesquisou, analisou e construiu este projeto.

Além disso, a sensibilidade afro-brasileira pesquisada, aliada à cena de música pop soteropolitana, coloca de mãos dadas elementos tradicionais das matrizes africanas perpetuadas no Brasil, suas reivindicações históricas e de resistência e o entrelace com os elementos da cultura pop. O roteiro performático de Taylor, a performance na escrita, a sensibilidade afro-brasileira e a cena de música pop entrelaçadas neste livro, a partir da análise de Letieres Leite e Orkestra Rumpilezz, pode contribuir para abrir e fomentar cada vez mais caminhos possíveis entre a performance, a comunicação e sensibilidades.

Finalizo esta pesquisa sem a presença física de Letieres Leite neste plano, que nos últimos anos estava sempre presente na minha vida, nos trabalhos, discussões e criações. Saúdo e agradeço pelo nosso encontro e, pelo decorrer do meu mestrado, eu ter mudado minha pesquisa para esta aqui. O caminho não foi fácil, entre a pandemia e passagem inesperada do maestro, no dia 27 de outubro de 2021, mas a cada passo, a cada encontro com pessoas e leituras, a minha proximidade cada vez maior entre trabalhos, admiração e afeto com a Orkestra e com a vida de Letieres Leite, só mostraram que meu projeto não poderia ter sido outro. Pela memória, pela demonstração de toda minha admiração, afeto e espiritualidade, dedico este livro ao maestro Letieres Leite e todo o seu legado imortal. Obrigada, maestro, por toda troca comigo e por sua gentileza enérgica e disposição em responder minhas dúvidas ou me explicar sobre todas as suas criações. Sou eternamente grata. Asè.

Para visualizar vídeos e trabalhos citados neste livro, acesse o link ou QR CODE abaixo.

YOUTUBE ALFAZEMA FILMES

REFERÊNCIAS

BIBLIOGRÁFICAS

ALELUIA, Matheus et al. *Nós, os Tincoãs*. Salvador, Sanzala Artística/Natura Musical, 2017.

ALMEIDA, Marcus. O estudo da performance musical e o seu caráter social. *Rev. Tulha*, Ribeirão Preto, v. 3, n. 1, p. 85-102, jan-jun. 2017.

AMARAL, Adriana; SOARES, Thiago; POLIVANOV, Beatriz. Disputas sobre performance nos estudos de Comunicação: desafios teóricos, derivas metodológicas. Intercom, *Rev. Bras. Ciênc. Comum*, v. 41, n.1, p. 63-79, 2018.

ARGÔLO, Marcelo; GUMES, Nadja Vladi. A cor dessa cidade sou eu: ativismo musical no projeto Aya Bass. *Revista Ecopos*, dossiê "A música e suas determinações materiais", v. 23, n. 1, 2020.

ARGÔLO, Marcelo. *Pop Negro SSA*: cenas musicais, cultura pop e negritude. Salvador, Ed. do Autor, 2021.

CARDOSO FILHO, Jorge Cunha; GUTMANN, Juliana Freire. Performances como expressões da experiência estética: modos de apreensão e mecanismos operativos. *Intexto*, Porto Alegre, n. 47, p. 104- 20, set./dez. 2019

COHEN, Renato. *Performance como linguagem*: criação de um tempo-espaço de experimentação. 1ª ed. São Paulo, Perspectiva, 2002.

COOK, Nicholas. Entre o processo e o produto: música e/enquanto performance. *Per Musi*, Belo Horizonte, n.14, p. 5-22, 2006.

DANTAS, Danilo. A dança invisível: sugestões para tratar da performance nos meios auditivos. Intercom. XXVIII Congresso Brasileiro de Ciências da Comunicação, UERJ, set. 2005. Disponível em: <http://www.midiaemusica.ufba.br/arquivos/artigos/DANTAS1.pdf. > Acesso: 25 mar. 2021.

GILROY, Paul. *O Atlântico negro*: modernidade e dupla consciência. 2. Ed.Trad. de Cid Knipel Moreira. São Paulo: Editora 34; Rio de Janeiro: Universidade Cândido Mendes, Centro de Estudos Afro-Asiáticos, 2012.

GUERREIRO, Goli. *A trama dos tambores*: a música afro pop de Salvador. São Paulo, Editora 34, 2000.

GUMES, Nadja Vladi. O novo som de Salvador: a ocupação política/estética da nova cena musical no Carnaval. *Pol. Cult. Rev.*, Salvador, v. 13, n. 2, p. 193-214, jul./dez. 2020.

GUMES, Nadja Vladi. Por acaso eu não sou uma mulher? Interseccionalidade em Luedji Luna e na cena musical de Salvador. XXX Encontro Anual da Compós, PUC-SP, São Paulo, 27 a 30 de julho de 2021.

JANOTTI, Jeder. Gêneros musicais, performance, afeto e ritmo: uma proposta de análise midiática da música popular massiva. *Contemporânea*, v. 2, n. 2, p. 189-204, dez 2004. Disponível em: < https://repositorio.ufba.br/ri/bitstream/ri/4741/3/3418-8153-1-PB.pdf>. Acesso: 15 mar. 2021.

JANOTTI, Jeder. Por uma análise midiática da música popular massiva: Uma proposição metodológica para a compreensão do entorno comunicacional, das condições de produção e reconhecimento dos gêneros musicais. *Revista da Associação Nacional dos Programas de Pós-Graduação em Comunicação*, ago. 2006.

MUNANGA, Kabengele. Arte afro-brasileira: o que é, afinal? In: *Catálogo Mostra do Redescobrimento – Brasil +500*. São Paulo, Associação Brasil 500 anos Artes Virtuais, 2000.

NASCIMENTO. Pedro Cordeiro. A Orkestra Rumpilezz e o Protagonismo Negro. XV ENECULT, Salvador, ago. 2019. Disponível em: < http://www.xvenecult.ufba.br/modulos/submissao/Upload-484/112104.pdf.> Acesso: 15 mar. 2021.

PASSOS DE BARROS, Iuri Ricardo. *O Alagbê*: entre o terreiro e o mundo. Dissertação de mestrado, Escola de Música da Universidade Federal da Bahia, Salvador, 2019.

PRANDI, Reginaldo. De Africano a afro-brasileiro: etnia, identidade e religião. *Revista da USP*, São Paulo n. 46, p.52-65, jun./ago. 2000.

QUEIROZ, Flávio José Gomes de. *Caminhos da música instrumental em Salvador*. Tese de d outorado. P rograma de Pós-Graduação da Escola de Música da Universidade Federal da Bahia, 2010. Disponível em:< https://repositorio.ufba.br/ri/bitstream/ri/9102/1/Tese%20Flavio%20Jose%20Gomes%20de%20Queiroz.pdf. > Acesso em: 13 out. 2021.

RANCIÈRE, Jacques. *A partilha do sensível*: estética e política. São Paulo, EXO Experimental/ Editora 34, 2005.

SCHECHNER, Richard. *Performance studies*: an introduccion. New York & London: Routledge, 2006.

SODRÉ, Muniz. *Pensar nagô*. Petrópolis, Vozes, 2020.

TAYLOR, Diana. *O arquivo e o repertório*: performance e memória cultural nas Américas. Belo Horizonte, Editora da UFMG, 2013.

ZUMTHOR, Paul. *Performance, recepção, leitura*. 2. ed. São Paulo, Cosac Naify, 2007.

NETNOGRÁFICAS

ALMEIDA, Heraldo. O que é música instrumental. *Diário do Amapá*, Amapá, 19 jul. 2016. Disponível: < https://www.diariodoamapa.com.br/blogs/heraldo-almeida/o-que-e-musica-instrumental/>. Acesso: 18 mai. 2021.

ARGÔLO, Marcelo. Um farol musical. *Revista Continente*, Pernambuco, 11 out. 2019. Disponível em: < https://www.revistacontinente.com.br/edicoes/226/um-farol-musical>. Acesso em: 7 jun. 2020.

AYRES, Lucas Rubio; WOLF, Alexandre. A história e os sons da música instrumental brasileira. *Blog Jornalismo Especializado*, UNESP, 10 out. 2016. Disponível em: https://jornalismoespecializadounesp.wordpress.com/2016/10/10/a-historia-e-os-sons-da-musica-instrumental brasileira/#:~:text=O%20conceito%20de%20M%C3%BAsica%20Instrumental,segunda%20metade%20do%20s%C3%A9culo%20XIX. Acesso: 3 de maio 2021.

BRASIL ESCOLA. Jazz. Disponível em: < https://brasilescola.uol.com.br/artes/jazz.htm>. Acesso: 22 jun. 2021.

COELHO, Laila. Os sapatos de Chadwick Boseman em *A voz suprema do Blues*. *Drops de filmes*. Disponível em: < https://dropsdefilmes.wordpress.com/2021/03/21/os-sapatos-de-chadwick-boseman-em-a-voz-suprema-do-blues/>. Acesso: 24 set. 2021.

REDAÇÃO. De princesa a roqueiros: o tênis que é símbolo de estilo há mais de 100 anos. *Gazeta do Povo*, Curitiba, 16 nov. 2018. Disponível em: < https://www.gazetadopovo.com.br/viver-bem/moda-e-beleza/historia-do-tenis-all-star/. >. Acesso: 11 set. 2021.

MATOS, Luciano. Entrevista com Letieres Leite: "Toda música brasileira é afro-brasileira". *El Cabong*. Disponível em: < http://www.elcabong.com.br/entrevista-letieres-leite-toda-musica-brasileira-e-afrobrasileira/>. Acesso em: 20 jul. 2020.

GP ESTÉTICAS, POLÍTICAS do corpo e gêneros da Intercom. II Jornada Entre Estética e Política: corpo, performances e fabulações. Disponível em: https://www.youtube.com/watch?v=-IkwZ8tBqvg. Acesso em 26 mar. 2021.

FILOSOFIA POP #053 – Pensamento Nagô. Disponível em: <https://www.youtube.com/watch?v=2E8cubxRgGA >. Acesso: 06 ago. 2021.

LP HISTÓRICO DO SEXTETO do Beco ganha reedição remasterizada em vinil. IPAC, 1º dez. 2016. Disponível em: http://www.ipac.ba.gov.br/noticias/lp-historico-do-sexteto-do-beco-ganha-reedicao-remasterizada-em-vinil. Acesso: 1º jul. 2021.

MARCONDES, João. Qual origem da música instrumental? *Blog Souza Lima*, 28 mai. 2019. Disponível em: < https://souzalima.com.br/blog/qual-origem-da-musica-instrumental/>. Acesso: 3 mai. 2021.

ALELUIA, Mateus. Biografia. Disponível em: < https://mateusaleluia.com.br/>. Acesso: 8 nov. 2021.

NÓS, POR EXEMPLO. Teatro Vila Velha, Salvador. Disponível em: <https://www.teatrovilavelha.com.br/>. Acesso em: 27 set. 2021.

OS MÚLTIPLOS SONS DA MÚSICA instrumental brasileira. *IMMUB*, 6 mai. 2021. Disponível em: < https://immub.org/noticias/os-multiplos-sons-da-musica-instrumental-brasileira>. Acesso: 6 mai. 2021.

SALVADOR E A MÚSICA instrumental. Salvador. Disponível em https://www.irdeb.ba.gov.br/soteropolis/?p=3396. Acesso em: 17 jun. 2021.

SANTOS, Paula Perin dos. Orquestra. *Info Escola*. Disponível em: < https://www.infoescola.com/musica/orquestra/>. Acesso em: 3 mai. 2021.

SOCIEDADE ARTÍSTICA BRASILEIRA. Como surgiram as orquestras? SABRA, 2017. Conteúdo sobre artes. < https://www.sabra.org.br/site/como-surgiram-as-orquestras/#:~:text=Foi%20em%20pleno%20Renascimento%20italiano,da%20m%C3%BAsica%20instrumental%20ou%20erudita>. Acesso em: 3 mai. 2021.

ZWETSCH, Ramiro. O maestro que dança. *Trip*, São Paulo, 15 mar. 2019. Disponível em: < https://revistatrip.uol.com.br/trip/trocamos-uma-ideia-com-letieres-leite-a-mente-por-tras-da-fusao-de-ritmos-da-orkestra-rumpilezz >. Acesso em: 27 set. 2021.

FÍLMICA

A voz suprema do Blues [*Ma Rainey's Black Bottom*] Dir. George C. Wolfe, Estados Unidos, Netflix, 1h34min, 2020.

ANEXOS

ANEXO I – ENTREVISTA COM GABI GUEDES

No dia 11 de novembro de 2021, fui com uma amiga e filmmaker (Laiz Mesquita) para a casa de Gabi Guedes no Gantois (Federação). Já estive no espaço algumas vezes e gosto bastante da calmaria que habita por lá. A irmã dele, Clara, nos recebeu no portão e disse para subirmos que ele estava lá em cima. Numa parede no começo da casa, onde se localiza o estúdio de Gabi, há uma imagem grande de Oxalá e sempre paro para vê-la; entro ali como se fosse um portal. Ele estava descendo as escadas e perguntou se queríamos ajuda, pois estávamos com equipamentos de gravação. Optei por filmar nossa conversa para ter esse registro audiovisual dele. Subimos, conversamos um pouco sobre o show realizado no dia 30 de outubro de 2021 do Pradarrum, projeto de Gabi, no Sesc Pinheiros, em São Paulo. Ele nos recebeu sorrindo e abrindo sua casa, como sempre faz. Por fim, montamos as câmeras, luzes e gravador de áudio e iniciamos a conversa.

Como foi o início com Letieres Leite e a Orkestra Rumpilezz? Como foi esse encontro?

Gabi Guedes – Na verdade, o Letieres já me conhecia e eu não o conhecia, porque ele sempre foi um pesquisador e seguidor dos percussionistas da Bahia, então eu lembro que em um carnaval fora de época, não sei se em Fortaleza ou Pará, ele estava tocando com um artista e eu com outro e, de repente, a galera que estava tocando com ele me chamou, eu estava no meio da multidão, depois de ter trabalhado. Aí alguém me chamou pra subir no trio para tocar um pouco. Dei uma canjinha, devo ter tocado um pedaço de uma música e caí fora. Não sei se foi com Ivete Sangalo que ele estava tocando... Na época, eu tocava com Ricardo Chaves. Então dei essa canja no trio e fui embora. Mas acho que ele, com essa ideia de montar a Orkestra, já havia sacado os músicos que desejava ter. Então rolou esse convite e foi super legal. Antes de tudo, ele me convidou também pra dar um workshop na Academia de Música da Bahia (AMBAH). Daí pra cá, a gente foi fortalecendo até o convite pra fazer parte da Rumpilezz. Eu aceitei com o coração aberto.

E você fez parte do encontro com os percussionistas que Letieres fez no Teatro Gamboa e que originou a Orkestra Rumpilezz?

Gabi Guedes – Não, não fui nesse encontro.

Como aconteceu o convite para a Orkestra?

Gabi Guedes – Eu não lembro exatamente as palavras. Quando acordei para essa realidade, eu já estava tocando em alguns bares, no início mesmo. E não me lembro mais. Foram vários lugares, vários ensaios, várias tentativas, preparações, entendimentos, internalizar o tema, todo esse trabalho. E foi super legal, porque a perseverança, o trabalho e o desejo do maestro, o amor dele pela música e com o objetivo também, eu acredito, de ele trazer essa história da percussão para frente do palco, para que os percussionistas fossem os protagonistas.

Desde o início era essa formação da Orkestra, com os percussionistas na frente e os músicos de sopro atrás e em volta deles?

Gabi Guedes – Desde sempre foi assim.

O que você acha de mais diferencial e notório que a Orkestra tem trazido para você enquanto músico e pessoa?

Gabi Guedes – A conexão entre a academia e os terreiros, os quilombos, os terreiros de candomblé. A originalidade dos toques, principalmente de nação Ketu e Jeje, que são toques com mais dificuldades talvez de entendimento. Então ele fez essa conexão, para poder mostrar que além do ijexá, que é um toque que também vem dos terreiros de Jeje e Ketu, existem outros toques. Porque na maioria das músicas brasileiras, MPB, com essa linguagem um tanto quanto axé (music), o toque que está sempre como base, como ideia, é o ijexá. E, antes, essas orquestras não trabalhavam esse tipo de ideia, de fusão, de toques, essa linguagem do candomblé, de tentar perpetuar essa ancestralidade.

Na Orkestra tem o naipe de sopro e de percussão. Eu ouvi falar que você é o chefe do naipe de percussão, é correto isso?

Gabi Guedes – Não existe isso. Isso alguma vez foi mencionado, mas eu não aceitei, com certeza eu não aceitei.

Por quê?

Gabi Guedes – Porque as pessoas que estavam ali trabalhando, com certeza, todos têm seu conhecimento e o seu valor. E a ideia, para mim, é uma coisa coletiva. Eu posso mostrar o som do agogô e o meu amigo mostra o som do tamborim, e assim procuramos observar como as coisas se fundem. Soou bonito? Massa, então não existe a necessidade de falar para o cara: "Toca essa frase no tamborim". Vamos fazer essa coisa no coletivo. E, muitas vezes, dentro desse naipe de percussão da Orkestra, soou dessa forma. O maestro, com certeza, estava concebendo o trabalho, ele tinha que dar o andamento, ele tinha que dizer mais ou menos por onde começar ou qual a intenção do toque, aquele trecho do toque, vamos brincar com isso, com essa clave mântrica, circular. E em vários momentos nós percussionistas também falamos sobre as ideias, os toques de timbau, de atabaque, de surdos.

Já falamos da performance em relação à estrutura no palco. E sobre o figurino, o figurino de vocês é diferente do figurino do resto dos instrumentistas. Vocês estão na beca, com sapato social...

Gabi Guedes – (*risos*). O figurino também foi uma ideia muito legal do maestro, nos considerarmos os "Doutores da Música". Então tínhamos que estar trajados além, com smoking branco.

Como é para você isso, como você se sentia?

Gabi Guedes – Eu me sentia, na verdade, muito abafado para tocar. Eu ficava com muito calor. Quando a gente toca, essa coisa da percussão, principalmente a percussão ancestral, ela é muito movimento no corpo. Então quando você toca, você faz essa conexão com a ancestralidade mesmo, você estando no teatro ou fazendo um outro tipo de música. Mas quando você vai para aquele universo, algo evoca, algo chega e te dá aquela calmaria e ao mesmo tempo a certeza de onde você está.

Então o figurino era para ser uma representação mesmo do protagonismo dos percussionistas, algo significativo...

Gabi Guedes – Se bem que... Há alguns anos atrás, a maioria dos ogãs nos terreiros se trajavam dessa forma, para ir tocar o candomblé. Esse era um traje tradicional, smoking branco pra ir fazer o candomblé. Aqui no Gantois eu era criança, eu vi muito. Muitas das minhas referências chegavam de smoking, paletó, gravata. É como trazer, resgatar essa conexão.

E você falou acima dos "Doutores da Música". Todos os shows que eu vi, no final Letieres apresentava vocês como os "Doutores da Música na Bahia". E, principalmente, por último e de forma enfática, falava "Gabi Guedes". Ele reverenciava vocês. Como era para você ouvir isso?

Gabi Guedes – Eu sempre aprendi a entender e a respeitar também as ideias, então, é legal sim, sabe, ser reverenciado, mas não tinha aquela coisa assim, sabe. Tá tudo certo. Se não, eu ia ficar muito gordo e o paletó não ia caber (*risos*).

Você falou do ijexá, dos ritmos vindos dos terreiros. Queria saber quais os ritmos de candomblé mais usados na Orkestra e o quanto de terreiro, o quanto de candomblé tem na música feita pela Orkestra Rumpilezz?

Gabi Guedes – Tem todo o terreiro. Tem todo o terreiro porque, a maioria dos ritmos, eles vêm dos terreiros. O samba, batidas, totalmente. Os louvores, orações e cânticos para os orixás nos terreiros, já está ali. Então, a gente estava o tempo inteiro conectado com o terreiro, com os toques. Nós tocamos mais o toque vassi, que caracteriza a nação do candomblé Ketu. Desse toque, é como uma raiz que vai se espalhando, se ramificando e vai trocando os nomes, aí vem o jicá, o alujá, o barravento. Esses toques dialogam, na verdade, com o movimento da dança dos cânticos, então a gente vai criando essa referência e internalizando isso.

Uma vez Letieres me falou que ele partia desses toques e criava outras coisas. Você que sempre participou da Orkestra e que entende do assunto, me explique um pouco disso...

Gabi Guedes – É assim: existe um toque circular que é a base do toque, então se ele tem um compasso de quatro tempos, aí você pode dividi-lo em dois tempos. Vamos tocar esse só até aqui, e vamos fazer disso um looping até aqui. Então a composição nascia em cima disso. Tipo o toque vassi, que é... (*Gabi demonstrou solfejando e batendo palma*). Daí vai transformar num looping, numa clave circular e se pode criar em cima disso.

Letieres dançava muito e sei que isso é a base dos terreiros, o corpo sempre fala em tudo. Como era essa dinâmica, ele tinha aquela energia corporal nos ensaios e nos shows também. Como você via isso, como você recebia e interagia com isso?

Gabi Guedes – Isso interagia de uma forma muito positiva. Chega um momento que transmite energia para os músicos, para a Orkestra toda. Às vezes a gente tá tocando uma coisa que, se não tomar cuidado, você dá uma viajada, principalmente quando você toca uma frase e espera um tempo pra tocar a outra, aí fica ali esperando e contando vinte, trinta compassos, para tocar duas notinhas, tocar um prato. Então, essa dança dele era uma coisa que mostrava mais a energia do estar ali, sabe, com conexão, e brincar também. Transmitir alegria, satisfação, de ter aquela pessoa ali. É diferente do maestro que tá ali com a batuta e não está vendo o público aqui, está ali regendo, está olhando a orquestra e acabou. Não tem muito essa conexão com o público, não tem esse diálogo, essa brincadeira. E ele, ao contrário, era muito isso, essa conexão, essa brincadeira. Para falar a verdade, estávamos todos ali entre amigos. Então não ia adiantar o cabra estar ali em cima do palco regendo uma orquestra e tem um amigo dele, que ele vê toda semana, ali na frente vendo o show com a família. Ele vai mudar a postura? Já não vai sorrir para aquela família? Tem que sorrir, tem que brincar. Então ele era muito isso, essa conexão da alegria e familiaridade.

E porque você acha que a Orkestra é escrita com "k"?

Gabi Guedes – Vem da vontade de quem cria. Talvez ele tenha essa linguagem árabe também, ele (Letieres) vem dessa família também de árabes e tal.

E essa relação da Orkestra com personalidades da música popular brasileira como Gilberto Gil, Caetano, Lenine, Ed Motta... Como você vê essa conexão e diálogo, essa vontade do maestro de fazer essa conexão...

Gabi Guedes – Foi desejo dos artistas também, convidar Letieres com a Orkestra para fazer essa fusão. Porque a galera pode ter visto o trabalho com Gilberto Gil de pegar algumas coisas, temas de Gil e tocar em cima, de pegar as coisas do candomblé e fazer esses arranjos e tal. Acho que foi muito mais em cima disso, sabe.

Da primeira vez que eu encontrei vocês no camarim, que foi no show com Caetano no Hotel Fasano, em dezembro de 2018, eu fiquei muito impactada com os sapatos. Eram muitos tênis All Star e sapatos sociais brancos e isso ficou na minha memória, essa diferenciação...

Gabi Guedes – Dos sopristas surfistas... (*risos*)

É... e essa coisa pop do All Star, essa escolha por usar essa representação pop e vocês lá na beca, que vem da tradição dos terreiros... Enfim, como você via essa relação dessa coisa pop com a Orkestra e também com a tradição que vem dos terreiros?

Gabi Guedes – Era só uma questão de mostrar mesmo essa fusão além da música, além da academia, essa fusão dos estudantes acadêmicos, essa mistura da academia com os terreiros, em todos os sentidos e em todos os momentos.

E em relação à interação com o público, Letieres fazia bem essa intermediação com o público, até a proximidade de vocês... Eu sinto que os atabaques na frente dão uma noção de maior proximidade em relação à estrutura convencional de orquestra. Como você vê, ao longo desses anos, tudo isso? Como você vê essa relação de vocês e da recepção do público?

Gabi Guedes – Para muitos é diferente, mesmo muitos sendo brasileiros ou soteropolitanos. Para muitos é diferente ver aquilo. Porque nem todo mundo acredita na ancestralidade. Outro dia estava comentando com um amigo sobre estudantes de música que moram ao redor do terreiro de candomblé, mas não querem essa relação nem para ouvir a melodia de um cântico que seja, e tentar transformar isso utilizando esse material acadêmico. Mas sabe como é, né. Eu moro aqui ao lado do terreiro, eu estudo música, mas essa música aqui não é a minha música, mesmo ele sabendo que vai encontrar tudo ali dentro, tudo relacionado à música. Existe melodia, ritmo, andamento, dinâmicas, está tudo ali. Só que não está no papel, está na vivência e convivência. Tem que conviver e viver isso para poder entrar. É a mesma coisa de ir todo santo dia para a academia e aprender a escrever aquele baratinho ali e lê de uma forma ou de outra.

Você acha que a Orkestra criou e tem criado uma sensibilidade afro-baiana e afro-brasileira? Como você vê isso?

Gabi Guedes – A sensibilidade acho que vem de cada um depositar o seu desejo, o seu querer e compartilhar. A sensibilidade vem de cada um para poder juntar e ver a coisa crescer. Não é só chegar, pegar o instrumento, tocar uma coisa e outra e isso basta. Não, é dar continuidade. É querer fazer parte desse universo, quero entender sobre o universo percussivo baiano, quero entender o que o maestro pensou em relação ao que é fundir os instrumentos com suas composições particulares e também seus arranjos dentro de outros trabalhos. Pegar a música de um convidado e inserir um toque ancestral, aquela ideia que é do terreiro, nessa música.

Queria falar também da participação das mulheres na percussão. Isso foi crescendo, é uma coisa nova dos últimos shows?

Gabi Guedes – Na verdade, foi um desejo do maestro, a gente falava muito dessa inserção das mulheres na percussão. E uma vez ele falou que ia montar a Rumpilezz de Saia, convidar as mulheres pra tocar e as meninas já faziam aula também com ele na AMBAH, e aí foi feito. Eles ensaiaram e fizeram alguns concertos. Ele teve vontade de retomar essa ideia muito antes de montar a Rumpilezzinho também.

Voltando para galera de percussão da Orkestra, a maioria de vocês são dos terreiros ou não?

Gabi Guedes – Não, quem vem dos terreiros e tem essa vivência é o Luizinho do Jêje, Kainã, o filho dele, eu, Ícaro Sá, que somos pessoas que vem dos terreiros, que têm esse entendimento, esse conhecimento.

Você acredita que a missão de Letieres foi cumprida com a Orkestra Rumpilezz? Estamos fazendo esta entrevista no dia 11 de novembro e o maestro fez a passagem no dia 27 de outubro de 2021.

Gabi Guedes – Acho que ele cumpriu essa missão e ele conseguiu realizar um sonho também de revolucionar a música brasileira. Porque até hoje vários artistas estão com materiais na mão dirigidos e orquestrados pelo maestro. Materiais que seriam publicados, gravados, arranjados. Eu acho que ele conseguiu realizar esse sonho com essa fusão, essa linguagem, esse diálogo dos terreiros, da percussão, principalmente da percussão baiana dialogando com essa música acadêmica, com essa forma, fazendo com que os acadêmicos passassem a procurar os terreiros, porque daí vários grupos, várias bandas, várias orquestras começaram a ter mais interesse pelos toques, pela sua ancestralidade e pela sua cultura.

Porque ficavam todos só esperando aquela coisa da música europeia, da academia. E ele revolucionou mesmo, foi um sonho realizado.

Imagem 16 – *Gabi Guedes e Letieres Leite no intervalo dos ensaios da Orkestra Rumpilezz no Pelourinho, em agosto de 2019.*

ANEXO II – IMAGENS DA ESTRUTURA DOS MÚSICOS E INSTRUMENTOS PERCUSSIVOS DE LETIERES LEITE E ORKESTRA RUMPILEZZ

1 Naipe de percusão
2 Naipe de sopro
3 Atabaque Lé
4 Atabaque Rumpi
5 Atabaque Rum
6 Caxixi
7 Agogô ou Gã

editoraletramento
editoraletramento.com.br
editoraletramento
company/grupoeditorialletramento
grupoletramento
contato@editoraletramento.com.br
editoraletramento

editoracasadodireito.com.br
casadodireitoed
casadodireito
casadodireito@editoraletramento.com.br